Pia Theresia Bühler (Hrsg.)

Dein Schutzengel – sprich mit ihm und hör ihm zu

Erlebnisse und Zeugnisse von Menschen wie du und ich

Schöner Engel, mein Begleiter,
erhabener Hüter meiner Seele;
du leuchtest im Himmel wie eine zarte Flamme,
nahe dem göttlichen Thron des Ewigen.
Du kommst zu mir; du erleuchtest mich mit deinem Licht.
Schöner Engel, mein Begleiter und Bruder,
mein Freund und Tröster.

Heilige Theresia von Lisieux

PIA THERESIA BÜHLER (Hrsg.)

Dein Schutzengel –
sprich mit ihm und hör ihm zu

Erlebnisse und Zeugnisse
von Menschen wie du und ich

CHRISTIANA-VERLAG
im Fe-Medienverlag • Kisslegg-Immenried

Biografische Notizen

Pia Theresia Bühler, 1959 in den USA geboren, studierte schulische Heilpädagogik in Zürich und Journalistik in Fribourg. Seit Jahren nimmt sie an theologischen Weiterbildungen teil und hält Kurse zur katholischen Glaubenslehre und christlichen Persönlichkeitsbildung. 2002 hat sie beim St. Ulrich-Verlag (Deutschland) das Buch „Tugenden – Werte zum Leben" herausgegeben. Neben ihrer Tätigkeit als schulische Heilpädagogin und Lehrperson für Kinder und Erwachsene arbeitete sie bei verschiedenen Printmedien und als Kommunikationsverantwortliche bei der Schweizerischen Hilfe für Mutter und Kind (SHMK). Als Moderatorin und Redakteurin wirkte sie beim Aufbau von Radio Maria Schweiz mit.

Umschlagfoto: © *istock, mkistryn*

2. Auflage 2023

© CHRISTIANA-VERLAG • *www.fe-medien.de*
im Fe-Medienverlag, Hauptstr. 22, 88353 Kisslegg-Immenried

Alle Rechte vorbehalten
Satz und Layout: CHRISTIANA-VERLAG
Druck: orthdruk, Białystok, Polen

ISBN 978-3-7171-1367-6

Inhaltsverzeichnis

Engel kämpfen für die Sache Gottes 151

Schutzengel-Gebete 191

Empfehlenswerte Schutzengel-Literatur 212

Vorwort

Wenn wir mit Google im Internet nach dem Wort «Engel» suchen, werden wir erstaunt sein über die zahlreichen Beiträge, die zu diesem Begriff im Netz zu finden sind. Ja, wir können sagen, dass Engel bei uns heute Hochkonjunktur haben!

Besonders boomen die Engel in der Esoterik-Szene. Dort werden nicht nur Engel-Öle zum Einreiben angeboten, sondern auch Engel-Amulette an Ketten und Schnüren, die man um den Hals tragen oder in die Tasche stecken kann. Zudem sollen Engel-Karten im Alltag in verschiedenen Situationen Glück und Sicherheit verschaffen etc.

Leider kann man bei vielen Christinnen und Christen heute feststellen, dass sie ein gespaltenes Verhältnis zur Welt der Engel haben.

Als ich vor über 40 Jahren Theologie studierte, wurde man als Hinterwäldler betrachtet, wenn man an die Wirkmacht und die Existenz der Engel glaubte. Zwar werden die Engel in den biblischen Schriften erwähnt, wie z.B. die Erzengel Raphael, Gabriel und Michael, doch scheinen diese Wesen eher in der Mythologie als in der christlichen Welt zu Hause zu sein. Anne Bernet, eine französische Historikerin und Literaturkritikerin, hat etwas ganz Wichtiges über die Existenz der Engel gesagt: «Wenn man die Engel zum alten Eisen wirft und einer überholten Leichtgläubigkeit zurechnet, so ist es, als würde man ein Haus unter dem Vorwand, es putzen zu wollen, niederreißen. Der Glaube an die Existenz der Engel ist nämlich ein wesentlicher Bestandteil der christlichen Offenbarung.»[1]

Engel finden wir im Alten wie auch im Neuen Testament. Sie treten vor allem bei wichtigen Heilsereignissen auf, wie z.B. bei der Geburt des Vorläufers Jesu (vgl. Lk 1,11-20), bei der Geburt des Erlösers (vgl. Lk 2,9-14), bei seiner Auferstehung (vgl. Mt 28,2-7) und Himmelfahrt (vgl. Apg 1,10-11), um nur die wichtigsten zu nennen.

In unserer kirchlichen Liturgie sind die Engel nicht wegzudenken. Dafür stehen die Hymnen, das «Gloria», die Präfationen, das «Sanctus» (vgl. Jes 6,1-3) und die Hochgebete etc. Pate.

Bei den Engeln handelt es sich um rein geistige Wesen, die alle menschlichen Geschöpfe – mit Ausnahme von Maria, der Mutter Gottes, – an Vollmacht überragen.

Neun Chöre der Engel werden vom hl. Cyrill von Jerusalem im 4. Jahrhundert in seinen Katechesen unterschieden, wobei sich jeder einzelne Chor durch eine besondere Eigenart auszeichnet. Diese Klassifizierung beruft sich auf den hl. Paulus und die verschiedenen in der Bibel erwähnten Engel. Diese sind: Engel, Erzengel, Kräfte, Herrschaften, Fürsten, Mächte, Throne, Kerubim und Seraphim.

Nach dem Glauben der katholischen Kirche steht jedem Menschen ein Schutzengel zur Seite. So sagt der Katechismus der Katholischen Kirche bei Nr. 336 Folgendes:

---

1 Anne Bernet, Die Engel – unsere himmlischen Helfer, Parvis-Verlag, CH-1648 Hauteville, 1998, S. 7.

«Von seinem Beginn bis zum Tod umgeben die Engel mit ihrer Hut und Fürbitte das Leben des Menschen. 'Einem jeden der Gläubigen steht ein Engel als Beschützer und Hirte zur Seite, um ihn zum Leben zu führen' (Basilius, Eun. 3,1). Schon auf dieser Erde hat das christliche Leben im Glauben an der glückseligen Gemeinschaft der in Gott vereinten Engel und Menschen teil.»

Engel erinnern daran, dass das Ziel des christlichen Lebens auf die Gemeinschaft mit Gott ausgerichtet ist. Auf dem Weg dorthin stehen sie uns Menschen liebend und helfend zur Seite.

«Die Engel sind nämlich furchterregend, schrecklich – und zwar so sehr, dass sie ihre Herrlichkeit, deren Glanz für die Menschen unerträglich ist, verhüllen müssen. Gleichzeitig sind sie strahlende Liebe und sehnen sich danach zu helfen und zu unterweisen. Alles Dinge, die uns übersteigen … Alle Theologen, die seit 2000 Jahren christliche Engellehre ausgearbeitet haben, haben ermessen, wie klein unsere menschlichen Worte und unser Gehirn ist» (A. Bernet)[2], um über Engel gebührend sprechen zu können.

Die Autorin des vorliegenden Werkes gibt hier verschiedene Zeugnisse von Mitmenschen wieder, die ihr von ihren Erfahrungen mit ihren Schutzengeln berichtet haben. Wahrlich eine bunte Palette von eindrücklichen Erzählungen, die bestätigen, dass es die Engel und die Schutzengel wirklich gibt. Diese Zeugnisse zeigen, dass die Engel und Schutzengel auch angerufen und verehrt werden wollen.

---

2 A. Bernet, a.a.O., S. 11.

Sehr beeindruckend sind die Berichte über einige Heilige, die klar von ihren Schutzengeln geführt wurden, weil sie sich ihnen als ihre Schützlinge ganz anvertraut haben.

Am Ende des Buches wird die Lehre von den Engeln im Laufe der Kirchengeschichte aufgezeigt. So wird deutlich, dass es in der Kirche eine lange Engeltradition gibt.

Dieses Werk ist ein wahrer Fundus, der uns die Engellehre der katholischen Kirche bestätigt und aus dem Alltag beweist, dass die Engel nicht nur gestern gewirkt haben, sondern es auch heute tun und so den Menschen helfen. Ein wirklich lesenswertes Buch!

P. Gottfried Egger OFM
Franziskanerkloster, Brixen, Süddtirol,
16. Juli 2023
Gedenktag Unserer Lieben Frau auf dem Berge Karmel
(Skapulierfest)

Einleitung

Seit meiner Kindheit bete ich das Gebet:

«Lieber Schutzengel mein, lass mich dir empfohlen sein;
Tag und Nacht ich bitte dich: schütz, regier und leite mich;
hilf mir leben, recht und fromm,
dass ich zu dir in den Himmel komm. Amen.»

Ich kann nicht mit Gewissheit sagen, wer mir dieses Gebet beigebracht hat … meine Eltern, meine Großmutter? Doch eines ist sicher: Dieses Gebet hat mich mein Leben lang begleitet und in mir die Zuneigung zu meinem Schutzengel entfacht, besonders auch in schwierigen Zeiten.

Persönliche Widmung an diesen liebsten Begleiter

Es geschah damals, als ich in einem schwierigen Moment, wie es so manche im Leben gibt, spazieren ging, um mich bei meinem Schutzengel offen und ehrlich auszusprechen und mir Luft zu machen. Er ist immer ein guter Zuhörer und versteht sofort, worum es geht und wie man die innere Ruhe wiedergewinnt. Auch in scheinbar ausweglosen Situationen. Ich sage bewusst «scheinbar», denn nur einem persönlich scheinen sie ausweglos, für Gott gibt es stets eine passende Lösung.

In seiner unendlichen Liebe und Fürsorge hielt mir mein Schutzengel während jenes Spazierganges vor Augen, dass er doch derjenige sei, der mir seit meiner Existenz zur Seite stehe und mich Schritt für Schritt im Leben begleite. Haargenau kannte er meine Freuden und Leiden bis ins Kleinste, die unscheinbaren wie auch die bedeutenden Ereignisse in meinem Lebenslauf. Er verstand mich ausgezeichnet, weil er mir sehr nahe und über meine Gegenwart wie Vergangenheit bestens informiert war. Mir wurde auf einmal bewusst, wie sehr er mich seit meiner Existenz liebte, mir weiterhin zur Seite steht und mich zum Himmel geleitet, und dass ich mich ihm viel mehr anvertrauen sollte …

So viel zu diesem persönlichen Erlebnis.

Aber wie kam es dann zum vorliegenden Buch?

Während meiner Arbeit als Moderatorin beim Radio durfte ich öfters Zeugnisse von Menschen hören, die von einem Erlebnis mit ihrem Schutzengel erzählten. Wie genoss ich es damals, diesen persönlichen Geschichten zuzuhören – von Menschen mit einem riesigen Vertrauen in ihren Schutzengel. Eines Tages kam mir die Idee, auch andere Menschen an diesen Erlebnissen teilhaben zu lassen. Die Wunderwerke Gottes soll man ja nicht verstecken, sondern ans Licht bringen, damit sie überall bekannt werden. Also begann ich von meinem Vorhaben zu erzählen.

Zeugnisse von Menschen wie du und ich

«Hast du ein Erlebnis mit deinem Schutzengel gehabt? Möchtest du es aufschreiben?» Diese Frage richtete ich an Bekannte und Unbekannte. Zahlreiche Menschen haben mir ihre Geschichte zugeschickt oder erzählt und mir erlaubt, sie in diesem Buch wiederzugeben.

Es interessierte mich aber auch, was bekannte Persönlichkeiten der letzten Jahrhunderte über die Engel gesagt haben. Ihre Gedanken und Zeugnisse werden nach den Schutzengelerlebnissen aufgeführt sowie neun Tipps für eine persönliche Freundschaft mit unserem Schutzengel.

Am Ende des Buches erhalten die Leser/innen einen Einblick in zwei aufschlussreiche Katechesen von Papst Johannes Paul II.: Die eine betrifft den gefallenen Engel Satan und Gottes Sieg über ihn und die andere den hl. Erzengel Michael, den Beschützer und Verteidiger der Kirche.

Schließlich runden wertvolle Schutzengel-Gebete und eine Liste empfehlenswerter Schutzengel-Literatur das Buch ab.

Zeugnis der hl. Bernarda Bütler

Mit einigen Worten des Schutzengels der Schweizer Heiligen Bernarda Bütler (1848-1924), der Gründerin der Kongregation der «Franziskaner-Missionsschwestern von Maria Hilf», möchte ich nun diese Schutzengelerlebnisse und -zeugnisse einleiten.

Bernarda Bütler beschreibt in ihrem Tagebuch, wie ihr Schutzengel zu ihr sprach: «Wenn du und alle Menschen es erkennten, mit welcher Liebe und Treue die heiligen Schutzengel euch beschützen und bewachen – mehr als die zärtlichste, leibliche Mutter –, die Herzen der Menschen würden in Liebe und Dank vergehen.»[3]

Pia Bühler, Herausgeberin

---

3 www.bistum-chur.ch/wp-content/uploads/2020/09/Flyer-Woche-40-Engel.pdf.

Schutzengelerlebnisse

Der Patient sagte plötzlich «au»

Es war bei der Arbeit auf der Intensivstation. Wir hatten einen 30-jährigen Patienten nach einer Herzoperation übernommen. Er war wach, redete aber nicht. Er war schon etwa vier Tage bei uns. Ich betreute diesen Patienten jedoch zum ersten Mal. Es wurden ein neurologisches Konsilium angefordert und Untersuchungen der Hirnströme (EEG) durchgeführt. Der Oberarzt sagte, dass auch das zweite EEG sehr schlecht sei und der Patient keine Empfindungen für Schmerz oder Gefühle habe, nicht sehen, reden oder hören könne. Außerdem könne er nicht mehr kommunizieren.

Der Oberarzt hatte daraufhin verordnet, dass alle medikamentösen Therapien zu stoppen seien, in der Meinung, dass der Patient früher oder später auf Grund von Entzündungen und pulmonaler Dekompensation sterben würde. Ich sagte dem Arzt, dass dies nicht in Ordnung sei, da der Patient noch sehr jung sei und zu Hause ein ½-jähriges Kind sowie seine Frau auf den Vater warteten. Darauf habe ich mehrere intensive Stoßgebete zu meinem Schutzengel, allen heiligen Engeln und dem ganzen Himmel geschickt. Da der Patient zu wenig Kraft hatte, mussten wir ihn kurz darauf mit Hilfe eines Absaugkatheters vom Lungensekret befreien.

«Au» und «Amerika»

Dabei sagte er plötzlich «au». Ich hatte Freude, lief zum behandelnden Arzt und teilte ihm mit, dass der Patient ein Schmerzempfinden zeige und soeben gesprochen habe. Er glaubte es nicht. Es kam ein anderer Arbeitskollege und sagte dem Patienten, dass er das Wort wiederholen solle, welches er nun ins Ohr flüstern werde. Der Patient nickte und sagte daraufhin laut «Amerika». Damit war bewiesen, dass der Patient hörte, sah, antwortete und Schmerzempfinden hatte. Die komplette medikamentöse Therapie wurde wieder verordnet und der Patient konnte nach zwei Tagen die Intensivstation verlassen. Eine Kollegin sagte mir, dass dies auch nur mir passieren konnte. Ich antwortete ihr, wenn man an Wunder glaube, erlebe man auch solche. Ich wusste, dass es ein großes Geschenk meines Schutzengels und des ganzen Himmels war.

Lucie Theiler

Meine Skier sanken tiefer und tiefer

Ich war acht Jahre alt; wir lebten mit meinen Eltern in Lyon, Frankreich. Lyon ist nicht sehr weit von den Bergen entfernt und so lernten wir früh Ski fahren. Als Achtjährige schickten mich meine Eltern an Wintersonntagen oft mit einem Sportverein zum Skifahren. Ich machte da nicht gerne mit: Die Aufseher waren nicht freundlich und nicht sehr wohlwollend und ich konnte dort keine Freunde finden (ich fühlte mich oft allein). Eines Sonntags, als ich nicht mehr fahren wollte, drängten mich meine Eltern dazu, noch einmal hinzufahren. Das Wetter war mies, es gab viel Tiefschnee und am Ende des Tages fühlte ich mich sehr müde und hatte Probleme, mit der Gruppe mitzuhalten. So geschah es, dass ich mich plötzlich verlief und 20 Meter von der Skipiste entfernt im Tiefschnee einsank.

Ich versuchte, aus dem Schnee herauszukommen, aber meine Skier sanken immer tiefer und tiefer – so weit, dass ich sie nicht mehr sehen konnte. Ich versuchte, meine Beine mitsamt den Skiern hochzuziehen, als sich plötzlich die Skier von meinen Schuhen lösten. Ich probierte, mich aufzurichten, aber es gelang mir nicht, weil ich zu wenig Kraft hatte. Als ich versuchte, meinen Fuß anzuheben, löste sich auch mein Skischuh vom Fuß. Dann begannen mein Fuß und schließlich mein ganzer Körper, kalt zu werden. Ich schluchzte beim Gedanken an meine Eltern.

Ich sah mich um, rief um Hilfe, aber von der anderen Seite der Skipiste her konnte mich niemand hören. Ich begann zu weinen und legte mich müde in den Schnee. Ich schluchzte beim Gedanken an meine Eltern, die nicht wussten, was ich in diesem Moment durchmachte, und ich wusste nicht, ob ich sie wiedersehen würde (ich fühlte mich müde, kalt und erschöpft). Da flehte ich Maria und Jesus an: Ich betete und bat sie, mir zu helfen.

Auf einmal kamen zwei junge Männer herbei

Sie sprachen mit mir, aber ich konnte ihnen nicht antworten, ich fühlte mich zu schlecht. Sie suchten im Schnee nach dem Schuh und zogen ihn mir wieder an, darauf suchten sie meine Skier, indem sie im Schnee wühlten, und fanden sie. Dann nahm mich einer von ihnen auf den Rücken und der andere trug meine Skier und Stöcke. Sie liefen sehr schnell den Weg hinunter, bis sie ganz unten meine Gruppe fanden, die verzweifelt nach mir gesucht hatte ... die beiden jungen Männer waren erbost auf die Aufseher und schimpften mit ihnen, dass sie nicht genug auf mich Acht gegeben hatten und dass es hätte ernst werden können.

Einer der Betreuer nahm mich auf den Rücken und trug mich zurück zum Bus (dort gaben sie mir meine Ersatzkleidung und heißen Tee zu trinken). Wiederholt zeigten sie sich besorgt um meinen Zustand (sie befürchteten, ich sei unterkühlt), aber ich erholte mich auf wundersame Weise. Das ist meine Geschichte – ich dachte immer, Maria und Jesus hätten mir diese beiden Jungen als Schutzengel gesandt ...

Myriam Castelain

Ein Luftzug ähnlich
einem Luftkissen

Im Winter 2003/2004 erlebte ich ein offensichtliches Eingreifen meines Schutzengels – anders kann ich mir das Ereignis nicht erklären. Ich stieg auf einer Treppe empor, die in Abschnitte von acht bis zehn Stufen abgeteilt war. Die Stufen waren teilweise mit Schnee und Eis bedeckt. Deshalb trat ich im Steigen nur mit den Fußspitzen auf. Und so konnte es geschehen, dass ich auf der obersten Stufe eines Treppenabschnittes das Gleichgewicht verlor und, leicht nach rechts abgedreht, nach hinten fiel. Zuerst schlug ich den rechten Ellenbogen leicht an einer Stufe an, dann schlug eine Stufe weiter unten leicht die rechte Schulter auf – dann dachte ich: So, jetzt auf dem Zwischenboden aus Beton schlage ich mit Genick und Kopf auf und bleibe liegen.

Das kann nur der Schutzengel gewesen sein

In diesem Augenblick spürte ich unter mir einen Luftzug, der wie ein Luftkissen dafür sorgte, dass ich ganz langsam auf die Zementplatte fiel und aufstehen konnte, ohne irgendeine Verletzung festzustellen oder auch nur den geringsten Schmerz zu spüren. Mein erster Gedanke beim Aufstehen vom Boden war: Das kann nur der Schutzengel gewesen sein, der mich bei diesem Sturz rückwärts die Treppe hinunter vor schwerer Verletzung und sogar vor dem Tod bewahrt hat.

Es wurde mir bewusst, wie wichtig, aber auch tröstlich der Glaube ist, dass Gott jedem von uns einen eigenen Engel beigesellt hat, der uns wirklich auf Schritt und Tritt begleitet und die Aufgabe hat, uns vor Unheil zu bewahren. Meine gute Mutter selig hatte die liebe Gewohnheit, uns Kindern, wenn wir aus dem Haus gingen, zuzurufen: «Nimm den Schutzengel mit!» Später hat sie das auch mit den Enkelkindern so gehalten und einmal erlebt, wie ihre Enkelin Isabella auf ihren Ruf hin: «Isa, nimm den Schutzengel mit!», die Antwort bekam: «Oma, nur über die Straße brauche ich ihn nicht!» Heute ist diese Isa auch Mutter von vier Kindern und schätzt es, dass sie den Schutzengel ihren Kindern mit auf ihre Wege schicken kann.

Pater Benno Hegglin, Abtei St. Otmarsberg

Ich hing im Sicherheitsgurt
nach unten

Es war Donnerstag, 21. Dezember 2006, ein schöner, kalter Wintertag. Da es so kurz vor Weihnachten war, hatte ich noch viel zu erledigen. Auch der Einkauf von Lebensmitteln gehörte dazu. Also fuhr ich am Nachmittag los, von Teufen nach Appenzell. Ich bekreuzige mich meistens vor der Fahrt, und bitte den Schutzengel, dass er mich beschützt. Die Straßen waren teils nass, teils trocken, die Sonne lachte vom Himmel und der Schnee glitzerte. Ich fuhr ganz unbekümmert, sang zur Musik, die gerade ertönte. In Appenzell gut angekommen, besorgte ich meine Einkäufe. Die mit Lebensmitteln gefüllten Taschen stellte ich in den hinteren Teil unseres Autos.

Froh, so bald wieder nach Hause zu fahren, startete ich das Auto. Die Sonne stand schon tief, als ich losfuhr. Ein Auto, das mir viel zu langsam fuhr, überholte ich noch und dachte, warum fährt der so langsam? Nun war ich wieder bei dem kleinen Waldstück angelangt. Eine scharfe Kurve zwang mich, ein wenig zu bremsen. Da rutschte plötzlich das Autohinterteil auf die andere Fahrbahn hinüber. Das hatte ich noch nie erlebt und erschrak. Noch mehr, als ich sah, dass mir ein Auto entgegenfuhr. Schnell betätigte ich nochmals fest die Bremse. Nun schlitterte ich noch mehr und direkt auf eine Mauer am Straßenrand zu. Nur ein Gedanke schoss mir durch den Kopf: Das Auto geht kaputt! Und es wurde dunkel.

Das Auto lag auf dem Kopf

Als ich wieder zu mir kam, wusste ich zuerst nicht, wo ich war und was los war. Das Auto lag auf dem Kopf und ich hing im Sicherheitsgurt nach unten. Das realisierte ich aber erst, als jemand ans Auto klopfte und fragte, wie es mir gehe und ob ich verletzt sei. Ich verneinte und versuchte, aus dem kaputten Fenster zu kriechen. Als ich es endlich geschafft hatte, bemerkte ich, wie glatt die Straße war. Schon bald kam der Notarzt und wollte mich ins Spital bringen. Doch ich versicherte ihm, dass es mir gut gehe und ich keine Schmerzen habe. Ich dankte Gott und meinem Schutzengel für ihre Hilfe und mein neu geschenktes Leben! Halleluja!

Monika Zech

Im letzten Moment nahm
jemand meine Hand

Wie jedes Jahr verbrachte ich einen Teil meiner Ferien in einem Sommerlager. In diesem Jahr waren wir im Walliser Saastal. Wir besuchten den Kletterpark in Saas-Fee. Zu den Attraktionen gehörte auch die Überquerung einer Schlucht.

Eigentlich war ich zu leicht für die Überquerung, doch der Leiter meinte: «Komm mit, das geht schon.» Bei der ersten Überquerung ging alles gut.

Als ich aber zurückfahren musste, blieb ich zirka einen Meter vor dem Ziel stecken. Ich versuchte, mich zur Plattform zu ziehen. Zur gleichen Zeit kontrollierte ein Instruktor die Bahn und fuhr die Strecke ab. Er muss mich übersehen haben, denn er raste mit vollem Tempo auf mich zu. Im letzten Moment vor dem Aufprall nahm jemand meine Hand vom Seil weg. Mit voller Wucht schleuderte es mich auf die Plattform und ich zog den Instruktor mit. Damit wir nicht wieder auf die Bahn zurückfielen, packte uns der Leiter und hielt uns auf der Plattform fest.

Matthias

Mein Engel führte uns
auf die lichtvolle Straße

Als ich Andrea, eine gute Freundin, fragte, ob sie Menschen kenne, die ein Schutzengelerlebnis gehabt hätten, erhielt ich ein paar Tage später diese Mail von Pater Klemens:

«Sehr geehrte Frau Bühler,
seit gut zehn Jahren begleite ich geistlich eine Frau, die diverse Erfahrungen mit ihrem Schutzengel gemacht hat. Da Sie ein Buch über solche Erfahrungen schreiben, wäre eine Begegnung mit ihr für Sie sicher sehr interessant. Die Person wäre bereit, mit Ihnen ins Gespräch zu kommen. Sie spricht gebrochen Deutsch. Sie ist Süditalienerin. Aus diesem Grund würde ich die Frau begleiten und Ihnen beim Gespräch mit ihr helfen.»

Und später kam eine weitere E-Mail:

«Von den Erlebnissen, bzw. der Echtheit der Aussagen Elisas bin ich nach wie vor überzeugt. Übrigens, der Bischof wusste von diesen Vorfällen, Visionen und Gesprächen mit dem Schutzengel und er hat Elisa auch den Segen gegeben. Wir waren gemeinsam beim Bischof.»

Immer im Einklang mit der katholischen Kirche

Dies war der Anfang einer Begegnung mit einer Frau, die in stetem Dialog mit ihrem Schutzengel lebt.

Hätte Pater Klemens mir nicht geschrieben, wäre diese Geschichte nicht bekannt geworden. Denn Elisa möchte nicht an die Öffentlichkeit treten, sie ist bescheiden und will nicht auffallen, außer es gereiche zur Ehre Gottes.

So kam es denn tatsächlich zum Gespräch mit Pater Klemens, Elisa und ihrer Begleiterin Natalie im Kloster Heglikon. Pater Klemens gab mir zu bedenken, dass er stets vorsichtig sei bei sogenannten Auditionen und Visionen. Unterdessen, nach zehnjähriger Begleitung von Elisa, wisse er aber, dass diese einfache Italienerin eine Visionärin sei. Außerdem habe ihr Schutzengel nie etwas gesagt, was der Lehre der katholischen Kirche widersprechen würde; er sei überzeugt, dass ihre Aussagen echt seien. Und dasselbe berichtet auch Pater Rafael, der Elisa und Natalie seit Jahren begleitet. Selbst ein angesehener Psychiater habe Elisa länger befragt und sei zum Schluss gekommen, dass diese Frau mit beiden Beinen im Leben stehe und nicht ein Fall für den Psychiater sei.

In Gegenwart von Pater Klemens und Natalie berichtete mir Elisa ihre Engelerlebnisse, die ich wie folgt aufzuzeichnen versuche. Die Namen und Orte wurden aus Diskretionsgründen z.T. geändert.

Elisas Engelerlebnisse

Die 1956 geborene Witwe und Italienerin Elisa wohnt in Heglikon. Ihr Mann Giovanni war schwer depressiv und starb mit nur 45 Jahren an einem Herzinfarkt. Dies geschah im Jahre 2001. Er hinterließ zwei Töchter, Angela und Marta, und einen Sohn Maurizio.

Elisa hatte eine schwere Zeit hinter sich und auch die kommende würde sehr schmerzlich sein, aber gerade im Leiden und aus den härtesten und verzwicktesten Situationen kann Gott Gutes hervorbringen.

Oft wählt er sich einfache und ungelehrte Menschen aus, damit man klarer erkennt, dass alles sein grandioses Werk ist. Damals, als Elisas Mann starb, war Maurizio erst zwölf Jahre alt, das Nesthäkchen der Familie. Maurizios Beziehung zu seiner Mutter war eine liebevolle; so sehr, dass er damals nicht einmal heiraten wollte, um seine Mutter nicht allein zu lassen.

Die Probleme begannen aber ums Jahr 2006, als Maurizio mit 17 Jahren eine Lehre begann. Aus verschiedenen düsteren Gründen, die hier aus Diskretionsgründen nicht genauer ausgeführt werden können, entfremdete er sich zusehends und immer radikaler von seiner Mutter und seinen Schwestern, um unrühmlichen Wegen zu folgen. Elisa litt sehr darunter und sprach immer wieder mit ihrem Sohn über seine seltsame Veränderung und sein zunehmendes Fernbleiben von zuhause. Doch Maurizios Ohren und Verstand verstockten sich zusehends gegenüber den besorgten Worten seiner Mutter und er distanzierte sich immer mehr. Ziemlich bald wollte Maurizio gar nichts mehr mit seiner Mutter zu tun haben, weder persönlich noch per Telefon. Es stellte sich eine absolute Funkstille ein.

Unheimliche Totenstille

Elisa litt enorm unter dieser radikalen Trennung. Maurizio war und blieb für sie entschwunden, sie verstand die Welt nicht mehr. Wo war Gott? Wie konnte er zulassen, dass sie den eigenen Sohn verlor? Es konnte überhaupt kein Kontakt mehr hergestellt werden. Elisas Herz «blutete» Tag und Nacht und sie weinte bittere Tränen. Die einfache Italienerin arbeitete in einer Kinderkrippe mit italienischen Klosterfrauen, die ihr immer wieder anrieten zu beten, doch Elisa hatte sogar den Kinderglauben, den ihre Mama ihr vermittelt hatte, verloren.

«Wenn Gott wirklich existiert, warum hat er all dies zugelassen?», fragte sie sich oft. Ihre seelischen Schmerzen waren immens. Die Situation wurde für sie je länger desto unerträglicher. Immer wieder versuchte sie, ihren Sohn mit Telefonaten, SMS und Briefen zu erreichen, doch es herrschte eine unheimliche Totenstille zwischen ihr und ihrem Sohn.

Eine Stimme: Bist du dir bewusst, was du da denkst?

Im Juni 2007 kam es zu ihrem schrecklichen Entschluss; sie fand keinen Sinn mehr im Leben: «Ich will nicht mehr leben, ich bringe mich um.» Sie wollte sich in den Fluss stürzen. Alles war durchdacht und geplant. Sie beabsichtigte, sich um 4 Uhr morgens in aller Dunkelheit aufzumachen, damit niemand sie sehen würde. Sollte Elisa nicht wenigstens ihren beiden Töchtern einen Abschiedsbrief hinterlassen? Nein, nicht einmal dazu war sie noch fähig. Mit diesen Suizidgedanken legte sie sich eines Nachts ins Bett. Jene Nacht, so bitter sie auch war, wurde wegweisend für ihr kommendes Leben.

Während sie sich hin und her wälzte, hörte sie plötzlich aus der Dunkelheit heraus eine Stimme auf Italienisch zu ihr sprechen: «Bist du dir bewusst, was du da denkst? Dir das Leben nehmen, das ist die größte Sünde! Gott hat dir das Leben geschenkt, nur Er darf es dir wieder nehmen.» Elisa horchte auf und meinte, jetzt sei sie übergeschnappt. Sie gab der Stimme zwar eine gewisse Beachtung, aber zu wenig, und hielt an ihrem Plan fest, nahm aber erst gegen 5 Uhr ihr Fahrrad und wollte links zum Fluss hinunterfahren.

Eine Kraft zog sie in die andere Richtung

Beim Besteigen des Rades wurde Elisa von einer unerklärlichen Kraft nach rechts in die entgegengesetzte Richtung gezogen, so dass sie mit ihrem Fahrrad statt vor dem Fluss vor der Haustüre landete, wo sie jeweils um 5.30 Uhr das Bürohaus reinigte. «Was mache ich hier?», dachte sie. Und hörte sogleich die Worte: «Guten Morgen, Frau Giacometti, auch so früh da heute?» Es war der Chef der Firma, bei der sie putzte.

Nichts ahnend von ihrem schrecklichen Vorhaben öffnete er Elisa die Türe zum Putzen. Elisa fühlte sich blockiert und konnte nicht mehr zurück. Beim Putzen hörte sie nun zum zweiten Mal die Stimme zu ihr sprechen: «Was du tun willst, ist keine Hilfe für deinen Sohn. Du wirst ihm sogar das ganze Leben ruinieren. Alle werden ihm Schuld an deinem Tod geben, auch seine Schwestern, ja alle würden ihn verurteilen. Als erwachsener Mann würde er sich das niemals vergeben können.»

Ein Phantasiegebilde?

Elisa schluchzte Tränen und Tränen und meinte, sie sei durchgedreht. Die mahnende Stimme wie von einem Freund drang jedoch tief in ihr Inneres – sich umzubringen, kam für sie jetzt nicht mehr in Frage. Obwohl sie immer noch meinte, die Stimme sei ein Phantasiegebilde, wollte sie ihrem Sohn auf keinen Fall schaden; das war das Letzte, was sie sich wünschte! Die Stimme indes ließ nicht mehr ab von ihr. Einen Monat lang ging das so weiter, so dass sich mit der Stimme ein regelrechter Dialog entwickelte.

Wenn Sie etwas dachte, erhielt sie öfters eine Antwort, zwar nicht immer jene, die sie sich wünschte. Elisa weinte viel und dachte, sie sei verrückt geworden, konnte diese Stimme nicht einordnen, da sie in ihrem Leben neu und ihr unbekannt war. Sie hatte Angst, es irgendjemandem zu erzählen. «Sonst bringen sie mich noch in eine psychiatrische Klinik», dachte sie. Doch dann beruhigte und tröstete sie diese geheimnisvolle Stimme: «Du musst nicht so viel weinen, du musst keine Angst haben, niemand wird dir etwas antun.»

Jemand spricht zu ihr

«Ich gehe nachschauen, ob mein Sohn telefoniert oder mir einen Brief geschrieben hat», dachte sie des Öfteren. Die Stimme sagte ihr im vornherein, nein, er habe weder geschrieben noch angerufen. Einmal wollte sie kurz vor 12 Uhr in den kleinen Lebensmittelladen einkaufen gehen, 300 Meter entfernt von ihrem Haus. Sie dachte, es reiche ja doch nicht mehr vor Ladenschließung, aber die Stimme ermutigte sie: «Doch, geh schnell, beeile dich; wenn du schneller gehst, reicht es.»

Elisa beeilte sich und erreichte den Laden vor Ladenschluss. Sie verließ den Laden wieder, und um es ihr Schwarz auf Weiß aufzuzeigen, sprach die Stimme: «Du wirst in drei Minuten in einem Auto eine Kollegin vorbeifahren sehen.» Elisa war schockiert, als plötzlich ihre Kollegin Anna neben ihr anhielt. «Wie geht es dir?», fragte Anna. «Gut», antwortete Elisa. Der Engel flüsterte ihr ein, dass Anna Rückenweh habe. «Hast du Rückenweh, Anna?» «Ja», erwiderte diese, und fuhr weiter.

Chi sei? Wer bist du?

Gedankenversunken spazierte Elisa an diesem Mittag auf dem Quartierweg nach Hause. Plötzlich blieb sie stehen und in ihrer Verzweiflung brach es aus ihr heraus: «Ich will es jetzt wissen. Chi sei? Wer bist du denn?» Eine sanfte, beinahe lächelnde Stimme antwortete: «Hast du noch nicht verstanden, wer ich bin? Ich war schon immer bei dir, ich bin dein Schutzengel.» Elisa lachte laut heraus und antwortete, sie sei doch kein kleines Kind, nur kleine Kinder hätten einen Schutzengel – so geringe Kenntnisse hatte sie zu jener Zeit über den Schutzengel.

Ihre Mama hatte ihr jeweils erklärt: Wenn ein Kind fällt, wird es ihm nicht so weh tun, der Schutzengel beschützt es. «Nein, alle Menschen haben einen Schutzengel, von der Geburt an bis zum Tod, nicht nur die kleinen Kinder», antwortete die Stimme. Elisa war sehr berührt von diesen Worten und dachte zuhause viel darüber nach. Doch sie behielt alles für sich.

Einen Monat lang sprach der Engel immer wieder zu ihr. Eines Tages sagte er: «Du glaubst immer noch nicht an mich. Ich sag dir jetzt etwas, das niemand weiß: Du gehst jeden Tag zum Friedhof zum Grab deines Mannes, aber du gehst nie in die Kirche, an der du vorbeiläufst, um die Muttergottes zu grüßen.» «Ja, das stimmt», dachte Elisa, und war erschrocken über diese richtige Aussage.

«Geh hinein, die Heilige Messe findet statt»

Als Elisa ein paar Tage später mit ihrer Freundin und deren kleinem Hund erneut den Friedhof besuchte, hörte sie kurz vor 17.30 Uhr die Glocken zur Samstagabendmesse läuten. Ein schönes Gefühl überkam sie und sie fühlte sich gedrängt, hineinzugehen, etwas zog sie hinein. «Geh hinein, die Heilige Messe findet statt», ermutigte sie der Engel. Eigentlich hatte sie die Freundin zu sich nach Hause zum Kaffee eingeladen und fragte sie: «Sollen wir reingehen und schauen?» Aber die Freundin wollte mit ihrem Hund weiter, so dass Elisa sie vertröstete: «Geh du bereits in meine Wohnung, meine Töchter sind dort.»

Elisa trat allein in die Kirche ein und spürte nach der Abendmesse einen großen Frieden. Sie fand es schön und nicht einmal langweilig. Seit ihr Sohn nichts mehr von ihr wissen wollte, betrat sie keine Kirche mehr, und auch vorher hatte sie die Heilige Messe nur sporadisch besucht – an Weihnachten, Ostern oder bei Beerdigungen. Am Abend sprach dann der Schutzengel zu ihr: «Du sollst zur Eucharistiefeier gehen. Du musst für deinen Sohn beten. Bete den Rosenkranz.»

Sonntag – Tag des Herrn

Eine Woche später besuchte Elisa die Heilige Messe wieder am Samstagabend. «Nein, am Sonntag, das ist der Tag des Herrn», sprach der Engel. «Die Eucharistiefeier am Samstagabend ist für die Bauern, welche die Ernte am Sonntag einholen müssen, für solche, die am Tag des Herrn arbeiten. Aber du arbeitest nicht am Sonntag, was machst du am Sonntagmorgen?

Wenn du den Segen des Priesters erhältst, ist es der Segen Jesu, um die Probleme, die Arbeit der kommenden Woche zu bewältigen. Der Sonntag ist nicht das Ende der Woche, sondern der Anfang. Er ist der Tag des Herrn. Und vor dem Priester am Altar sollst du viel Ehrfurcht haben. Im Moment der Wandlung ist er der Stellvertreter Christi. Du erhältst seinen Segen, den Segen Gottes.»

Die Unbefleckte Empfängnis

Es geschah im Monat November, als Elisa einmal die Pfarrkirche betrat und eine Kerze anzündete, um für Maurizio zu beten. Auf dem Altarbild war die hl. Anna mit ihrer Tochter Maria als Kind zu sehen, aber in ihrer Unwissenheit meinte Elisa, es sei die Muttergottes mit dem Jesuskind. Der Engel sprach zu ihr: «Nein, das ist nicht richtig, was du denkst. Das ist nicht die Muttergottes. Maria zeigt sich auf mancherlei Weisen und hat viele Namen, z.B. Muttergottes von Fatima, Madonna del Sasso, Madonna dello Scoglio. Aber sie hat nur einen wahren Namen: die Unbefleckte Empfängnis.»

Elisa wusste nicht, was dieses Wort bedeutete, und fragte ihren Engel, wo sie die Unbefleckte Empfängnis denn finden könne? «Oben in der Kapelle», antwortete er. Der Engel meinte das Kloster, das auf einer kleinen Anhöhe stand. «Ich weiß nicht, dass es oben in Heglikon eine Kapelle gibt», erwiderte sie. «Doch, es gibt eine», sagte der Schutzengel, «ich führe dich hinauf.» Es war dunkel, etwa 17 Uhr. Seit mehr als 20 Jahren war Elisa nicht mehr im Kloster gewesen. Der Engel führte sie zusammen mit ihrer kleinen Enkelin, die dabei war, hinauf, indem er ihr den Weg wies mit rechts, links, geradeaus etc. (Das ist übrigens ein ganz spezielles Phänomen, der Engel führte sie wie ein Bordcomputer.)

Die Schmerzensmutter

Sie betraten die Kapelle, und der Engel führte sie zum Bild der Unbefleckten Empfängnis; hier setzte sich Elisa mit ihrer Enkelin in die erste Bank. «Schau dir das Bild gut an», sprach der Engel. «Das ist die Unbefleckte Empfängnis mit der Welt zu ihren Füßen.» «Und die Schlange unter ihren Füßen?», fragte Elisa. «Die ist dort, weil Maria das Böse besiegt hat.» Auf einmal tauchte der ganze Altar in einen weißen Nebel ein und Elisa gewahrte mitten im Altar eine bleiche Frau, sehr hübsch, mit einer Haut wie aus Porzellan, und einem Mann auf ihren Knien. Die Frau litt enorm.

Elisa erschrak so sehr, dass sie ihre Enkelin an die Hand nahm und schnurstracks die lange Treppe vor der Kirche hinunterrannte. «Plötzlich stand ich unten an der Treppe», sagt sie heute, «und meine Enkelin fragte mich, was denn los sei, warum ich sie so runterziehe.» «Nichts, gehen wir nach Hause», erwiderte Elisa. Zu Hause erklärte ihr der Engel: «Was du gesehen hast, ist die Pietà, die Schmerzensmutter. Siehst du, wie auch die Muttergottes große Schmerzen erleiden musste, als die Menschen ihren Sohn töteten? Du kannst deinem Sohn nur mit Gebet, mit dem Rosenkranz helfen.»

Die Suche nach einem Priester zum Beichten

Ein paar Tage später sagte ihr der Engel, sie solle jetzt beichten gehen und einem Priester ihre Visionen und Auditionen anvertrauen. Elisa nannte dem Schutzengel den Namen eines Priesters, doch er warnte sie: «Nein, pass auf. Nicht alle sind gleich, nicht alle werden dir glauben. Sie glauben nicht, dass eine normale Frau in der Welt mit dem Himmel kommunizieren kann. Manche Priester denken, dass nur sie das können. Im Kloster ist aber einer, der Italienisch spricht und dir glauben wird.»

Ja, Elisa erinnerte sich an einen Pater, der Italienisch sprach und dem sie einmal ihr Leid anvertraut hatte. Mehrere Male läutete Elisa an der Klosterpforte, um mit dem Pater zu sprechen, doch er befand sich nie zu Hause, wenn sie läutete. Einmal reichte es ihr und sie sagte zu Bruder Damian, dem Pförtner: «Kann ich auch bei Ihnen beichten?» «Sie können mit mir sprechen, wenn Sie wollen, aber ich bin nicht Priester; beichten können sie bei mir nicht», so seine Antwort.

«Was heißt Unbefleckte Empfängnis?»

Unterdessen hatte der Engel Elisa beauftragt, sie solle am 8. Dezember nach Einsiedeln fahren, um dort das Fest der Unbefleckten Empfängnis zu feiern. Einen Tag zuvor, am 7. Dezember 2007, sagte Elisas Tochter: «Pater Klemens hat angerufen, ruf ihn zurück.» Als Elisa mit Pater Klemens einen Termin vereinbaren wollte, schlug er ihr ein Treffen in ein paar Tagen vor. «Es ist dringend», erwiderte Elisa, und traf sich noch am selben Abend mit Pater Klemens. Dort schilderte sie ihm ihre Sorgen und meinte, sie sei wahrscheinlich nicht mehr normal. Er meinte, er könne nicht behaupten, dass sie nicht normal sei, und fragte sie unter anderem, ob sie viel in der Bibel lese. «Alles, was ich weiß, ist von meinem Schutzengel», erklärte sie ihm. Nachdem sie gebeichtet hatte, erzählte sie ihm von ihrem Vorhaben, am nächsten Tag nach Einsiedeln zu fahren, am Fest der Unbefleckten Empfängnis Mariens, und fragte ihn, was das denn bedeute «Immacolata Concezione»? «Die Unbefleckte Empfängnis Mariens (lateinisch Immaculata Conceptio)», erklärte ihr Pater Klemens, «ist ein Dogma der Glaubenslehre der römisch-katholischen Kirche, nach dem die Gottesmutter Maria vor jedem Makel der Erbsünde bewahrt wurde». Damit habe Gott Maria vom ersten Augenblick ihres Daseins an vor der Sünde bewahrt, weil sie die Mutter Gottes werden sollte.

Der Besuch in Einsiedeln

Am nächsten Tag, am 8. Dezember, fuhr Elisa allein nach Einsiedeln. Im Zug schluchzte sie immer wieder und fühlte sich sehr einsam. «Ich verspreche dir eine Begleiterin, damit du deinen Weg nicht allein gehen musst», sprach der Engel. In Einsiedeln gewahrte Elisa die vielen Leute, die in der Klosterkirche ein- und ausgingen, und fragte ihren Engel, warum sie denn da sein müsse. Es gebe doch schon viele Leute, sie sei doch nicht wichtig. «Wer bin ich denn, dass ich hier sein muss? Warum musste ich hierherkommen?»

«Um dir zu zeigen, wie viele Menschen da sind», entgegnete ihr der Engel. «Denke aber nicht, dass alle gläubig sind. Nur wenige nehmen ihren Glauben wirklich ernst.» Als Elisa beim Eingang hinten rechts in einer kleinen Kapelle die Unbefleckte Empfängnis erblickte, sagte der Engel zu ihr, dass die Muttergottes überall sei. Da befand sich auch ein Inder, der arg weinte und die Muttergottes um Gnaden anflehte. Der Engel zeigte ihr, dass sie nicht allein sei mit ihren Schmerzen. «Wenn du mir glaubst, kommt dein Sohn zurück, aber nur mit deinem Gebet», wiederholte er wie andere Male. Von dem Tag an betete Elisa täglich den Rosenkranz.

Der esoterische Engelladen

Draußen vor der Klosterkirche stieß Elisa auf einen Laden mit Schutzengeln, Kristallsteinen und Traumfängern im Schaufenster. Was sie jedoch nicht wusste: Dies war ein esoterischer Engelladen. Doch Gott wirkt überall, kann sogar aus den Fängen der Esoterik befreien, großartige Wunder wirken und seine Pläne verwirklichen, wenn der Mensch für die Gnade offen ist und mitarbeitet. Elisa spürte ein großes Bedürfnis, mit jemandem über ihre Engelerlebnisse zu sprechen, und fragte die Dame im Laden: «Kennen Sie jemanden, der sich mit Engeln auskennt?» «Nein, tut mir leid», lautete die Antwort. Eine andere Mitarbeiterin hörte dem Gespräch aber zu: «Doch, ich kenne eine Frau, sie kann Sie bestimmt beraten, hier ihre Telefonnummer, sie heißt Natalie.» Mit dieser Telefonnummer in der Tasche fuhr Elisa voller Hoffnung nach Hause.

In den folgenden Wochen unterwies der Engel Elisa über die wichtigsten Glaubensgeheimnisse des Herrn, erteilte ihr höchstpersönlich Katechese: Seine Geburt in Betlehem, die verborgenen Jahre in Nazareth, die Taufe im Jordan, sein Wirken und sein Tod in Jerusalem. Auch über die anderen Engel klärte der Engel sie auf. «Pass auf», mahnte er sie, «es gibt auch schlechte Engel, die von der esoterischen Seite stammen.»

Elisa rief bald einmal diese Natalie an und vereinbarte mit ihr einen Termin in ihrem Studio für Gesundheitsberatung. Doch vor der Schilderung des Treffens ein paar Ausführungen zu Natalie:

Natalie ist 45-jährig, verheiratet und kinderlos. Sie ist in Eggen aufgewachsen, im katholischen Glauben erzogen und hat als Kind große Freude am Glauben und an der Kirche erleben dürfen. Von ihrer Mutter und der Oma hatte sie beten gelernt, auch den Rosenkranz. Mit 17 Jahren absolvierte sie eine kaufmännische Lehre, flog darauf ein Jahr ins Welschland und ein Jahr nach Kanada und fand eine spannende Stelle im internationalen Handel. Sie arbeitete sehr gut, machte große Umsätze, war erfolgreich und verdiente prächtig, musste dafür aber auch viel reisen. Doch wie es öfters passiert, erfüllte sie diese Arbeit mit der Zeit nicht mehr.

Eines Tages drängte sie der Chef wieder, nach Finnland zu reisen, um größere Umsätze zu erzielen. Natalie hatte genug von Reisen und Umsätzen. Zum Himmel gewandt rief sie: «Bitte, was soll ich machen?» In ihrem Herzen spürte sie schlagartig: «Ein Sabbatical-Jahr.» Natalie fuhr an diesem Tag früh nach Hause und schrieb um 15 Uhr ihre Kündigung. In der ersten Phase ihrer Auszeit besuchte sie oft ihre Mutter, arbeitete im Garten und genoss die Ruhe, war aber innerlich immer auf der Suche. Im Innersten spürte sie, dass all dies zu wenig war.

Die Ausbildung zur Gesundheitsberaterin

Eine Bekannte erzählte ihr von einer Ausbildung zur Gesundheitsberaterin. Ja, das war es, was sie schon immer interessierte, die Gesundheit an Leib und Seele. Diese Ausbildung war jedoch an eine Bedingung geknüpft: Zuerst sollte man das Pendeln erlernen und die Steinheilkunde, die Wirkung von Heilsteinen und die Haussanierung von schlechten Energien. Natalie hatte keinerlei Interesse am Pendeln. «Nein, ich möchte lediglich die Ausbildung zur Gesundheitsberaterin absolvieren», entgegnete sie bestimmt, doch man hielt daran fest: «Ohne Pendeln keine Ausbildung».

Pendel, Steine und Jesus-Energie ohne Kirche

«Das bringe ich rasch über die Bühne», dachte sich Natalie, denn sie war fest entschlossen, die Ausbildung zu absolvieren. Doch durch die Macht des Pendelns wurde ihr Verstand blind für die Wahrheit, sie geriet immer tiefer in die Esoterik hinein, trat notgedrungen aus der Kirche aus, weil alle anderen es taten. Die Kirche wurde bei allem ausgeklammert. Man lernte, dass mit dem Pendel Verstrickungen aufgelöst und ins Licht, in den Himmel geführt würden. Natalie fragte sich selber nicht, von welchem Licht hier gesprochen wurde. Man redete immer nur vom «Göttlichen». Aber von Gott keine Spur …

Mit der Wirkung der Steine würde man Blockaden im Körper lösen. Man sprach sogar über die hl. Erzengel Michael, Gabriel und Raphael, über die Jesus-

Energie; es wurden sogar Tropfen von dieser Energie verkauft. Aber der Schein trog, denn die Kirche wurde gänzlich ausgeklammert. «Es ging darum, möglichst viel zu verdienen, die Steine gut zu verkaufen», erklärt sie. Den Stein «Lichttempel» z.B. verkaufte man für 500 Franken. Dieser sollte Licht ins Haus bringen. Natalie eröffnete schließlich selbst ein Studio für Gesundheitsberatung, in dem sie gegen Bezahlung Lebensberatungen anbot.

Natalie schwang in einer absolut anderen Welle

Nun zurück zu Elisa: Elisa fuhr am terminierten Tag mit ihrer Nichte zu Natalie und freute sich enorm, endlich jemanden kennenzulernen, die sie bezüglich ihrer Engelserscheinungen beraten würde, und war sogar gerne bereit, dafür zu bezahlen. Doch Natalie schwang in einer absolut anderen Welle. «Ich habe große Schmerzen wegen meines Sohnes», vertraute Elisa Natalie an. «Gibt es einen Kontakt mit dem Himmel?», fragte Elisa.

Daraufhin legte Natalie mehrere Pyramidensteine unter den Stuhl von Elisa, um ihr Energie und Licht zu spenden. So hatte sie es in ihrer Ausbildung gelernt. Sie pendelte vor Elisa, ließ sich von den Geistern die Ideen eingeben und als Resultat der Lebensberatung fasste sie zusammen: «Sie haben eine besondere Aura, Elisa, das spüre ich genau. Ihr Sohn Maurizio war in ihrem früheren Leben Ihr Mann.»

Große Ängste quälten Natalie

Elisa war so schockiert und entsetzt über diese Aussage, dass sie ihrer Nichte sagte, sie gehe jetzt zur Toilette und solle doch Natalie unter vier Augen nach der Wahrheit fragen. Aber Natalie konnte ihr nichts anderes bestätigen als dies. «Ihr Sohn Maurizio war in ihrem früheren Leben Ihr Mann.» Elisa merkte, dass da etwas nicht stimmte, und fragte Natalie, wo sie herkomme. «Aus Einsiedeln», erwiderte diese.

«Sie wohnen an einem schönen Ort», meinte Elisa, «Sie können immer zur Muttergottes.» «Ich bin nicht so katholisch», antwortete diese kurz angebunden. Sie schämte sich, die Wahrheit zu sagen; überhaupt hatte sie immer ein schlechtes Gewissen gehabt, seit sie aus der Kirche ausgetreten war, und besonders ihrer Mutter hätte sie das niemals sagen dürfen.

Gesundheitlich ging es Natalie zusehends schlechter, seit sie diese Gesundheitsausbildung absolviert hatte; es quälten sie je länger desto stärker große Ängste, die sie nie zuvor in ihrem Leben gehabt hatte. «Ich komme aus Heglikon», lächelte Elisa, «ich lade Sie am 13. Dezember zu einem Kaffee ein», worauf Natalie entgegnete: «Ich möchte zuerst auf mein Bauchgefühl hören.» Und da der Schutzengel Elisa immer wieder sagte, die Muttergottes stehe hinter ihr, fragte sie Natalie noch beiläufig: «Kann es sein, dass die Muttergottes hinter mir steht?» «Ja, das kann sein», bejahte diese, ohne viel zu überlegen.

Die schlechte und die gute Straße

Der Schutzengel zeigte Elisa in dieser Zeit eine Straße mit einer Verzweigung, die in eine linke und eine rechte Autobahn führte. «Es gibt eine schlechte und eine gute Straße», sprach der Engel. Die linke führte in einen dunklen Tunnel hinein. «Hier sind die schlechten Engel, die esoterischen Engel. Hier befinden sich die Weiße und die Schwarze Magie, das Kartenlesen und das Pendeln. Alles kommt nur von einem, von der schlechten Seite. Am Anfang kann alles gut aussehen und stimmen, aber es kommt der Punkt, an dem alles zusammenbricht.»

Elisa fragte den Engel schließlich, ob es stimme, dass ihr Sohn ihr Mann gewesen sei. «Nein, es gibt keine Reinkarnation, mit dem Tod ist das Leben hienieden beendet, nach dem Tod lebt nur noch die Seele weiter. Die Seele geht nie zurück in einen anderen Körper. Im Leben kommst du oft auf eine Kreuzung. Du kannst dann rechts oder links fahren. Du musst aber auf der rechten Straße gehen und bleiben. Auf diesem Weg gibt es viel Licht und Helligkeit. Wir müssen mit Jesus gehen, das ist die Straße des Gebetes, der Heiligen Eucharistie. Mit dem Rosenkranz, der Beichte und dem Gebet zum hl. Erzengel Michael. Mit dem Rosenkranz bekommst du mehr Kraft und Licht. Der andere Weg auf der linken Seite führt in die Dunkelheit.»

Der lichtvolle Weg

Elisa folgte willig den Anweisungen des Schutzengels und gewann mit der Zeit eine große innere Ruhe. Von den Erklärungen des Engels ermutigt, versuchte sie, ihre Familie auf den lichtvollen Weg zu bringen, doch es war schwierig. Der Schutzengel erklärte ihr, dass es keinen Sinn habe, wenn jemand in die Kirche gehe, weil er von jemand anderem dazu gezwungen worden sei. Nein, es müsse aus der Freiheit des Herzens heraus geschehen.

Und nun wieder zurück zu Natalie: Gott sei Dank hatte sich ihr Bauchgefühl zugunsten Elisas entschieden und sie besuchte diese in Heglikon zum Kaffeetrinken mit ihrem Pendel in der Tasche. Es sei noch vermerkt, dass der Engel Elisa unterdessen erkennen ließ: «Du kannst auch pendeln, ohne es zu lernen, und noch schneller als Natalie.» So bewies Elisa Natalie, wie gut sie pendeln konnte und wie schnell sich das Pendel drehte, ohne dass sie es je gelernt hatte.

Mit dem Rosenkranz bekommst du mehr Kraft und Licht

«Mein Schutzengel sagt mir, dass deine Kollegen nicht im Glauben sind und nicht zur Kirche gehen. Sie tun alles um des Geldes willen und die Ratsuchenden erhalten keine Hilfe. Mit dem Rosenkranz bekommst du mehr Kraft und Licht. Du solltest Rosenkranz beten, wieder zur Kirche gehen und beichten; du kannst mit Pater Klemens sprechen.» Auf diese Worte hin änderte Natalie ihren Sinn, erkannte das Gute und dachte: «Ja, das mache ich.» Sie willigte ein, traf sich mit Pater Klemens und nahm seinen Rat an, später in Einsiedeln bei Pater Hieronymus (2018 †), einem geistlichen Sohn von Padre Pio, eine Lebensbeichte abzulegen.

Wie Schuppen von den Augen

Natalie bezeugt noch heute: «Nach dieser Lebensbeichte, als ich in der Heiligen Messe das Glaubensbekenntnis betete und zur Stelle kam ,ich glaube an die Gemeinschaft der Heiligen', ist es mir wie Schuppen von den Augen gefallen und ich sah alles in einem anderen Licht.» Natalie trat wieder in die Kirche ein. «Noch nie hatte mir jemand gesagt», bezeugt sie, «ich solle den Rosenkranz beten, zur Heiligen Messe gehen und beichten; nicht einmal bei meinem Austritt aus der Kirche hatte man mich gefragt, warum ich das tue. Und als ich wieder eintrat, kam ein Priester zu mir nach Hause, wegen einiger Formalitäten und um zu fragen, ob ich in einer Sekte sei, aber nicht um mich im Glauben zu ermutigen. Die klaren Worte von Elisa haben mir schließlich zur Umkehr verholfen.» Von da an wurde Natalie die treue Begleiterin von Elisa.

Maurizio wird 20

Vom Sohn Maurizio immer noch keine Spur, kein Telefonanruf, kein Brief, keine SMS, einfach nur Stille. Der 14. Juli 2008 rückte näher, der 20. Geburtstag von

Maurizio. «Natalie, weißt du was, ich habe eine gute Idee», meinte Elisa voller Hoffnung. «Maurizio liebt Cabriolets. Wir setzen uns in ein Cabriolet, lassen uns fotografieren und setzen das Foto als Glückwunsch zu seinem Geburtstag in die Quartier-Zeitung.» Natalie wäre damit einverstanden gewesen, doch Elisas Engel verneinte die Idee. «Nein, tu das nicht, dein Sohn soll seine Mutter vermissen, er soll an seinem Geburtstag eine große Einsamkeit verspüren.» Elisa hatte unterdessen gelernt, auf ihren Engel zu hören, auch wenn es ihr schwerfiel. Doch seine Ratschläge führten sie immer auf die gute, helle Straße.

«Buongiorno mamma»

Endlich, nach mehreren Monaten Funkstille, am 14. Juli 2008 ein Telefonanruf von Maurizio: «Buongiorno mamma. Ich habe vieles falsch gemacht. Kann ich dich mit meiner Freundin besuchen?» Elisa traute ihren Ohren nicht, sie war fassungslos. Freude ohne Worte. Die Worte des Engels hatten sich bewahrheitet. Ihre Gebete waren zum Himmel gestiegen und erhört worden. Tränen der Freude. Ihr Engel hatte sie noch gemahnt, ihrem Sohn keinerlei Vorwürfe zu machen, nicht zu schimpfen, sondern ihn liebevoll aufzunehmen und ihm zu zeigen, wie sehr sie ihn liebe; keinen Groll, keine Verbitterung an den Tag zu legen. Elisa nahm die Worte des Engels ernst.

Bekehrungen zum Glauben

Seit jenem Jahr 2008 sind mehr als zehn Jahre vergangen. Maurizio hat unterdessen geheiratet. Die junge Familie hat keine leichte Zeit hinter sich, aber Maurizio und seine Frau haben nach längerem Suchen den Weg zu Christus in die katholische Kirche gefunden, zusammen mit ihren beiden Kindern und dem dritten, das unterwegs ist. Der Mann von Natalie, Arnold, der reformiert war, ist zum katholischen Glauben übergetreten. Natalie begleitet Elisa mit dem Auto überall, wohin der Engel sie führt. Oft wissen sie nicht, wo sie ankommen werden, aber der Engel weist ihnen stets den Weg. Wohin sie dieser Weg in den kommenden Jahren führen wird, wissen die beiden nicht, aber sie sind offen für die Überraschungen Gottes.

Aufträge ausführen mit Hilfe des Engels

Elisa lebt weiter in einem ständigen Dialog mit ihrem Schutzengel, der ihr laufend Aufträge erteilt. Hier einige ausgewählte Ereignisse:

An einem 15. August sollte sie mit Natalie in eine bestimmte Heilige Messe fahren, aber die beiden wussten nicht wohin. Der Schutzengel wies ihnen den Weg wie ein Bordcomputer. Sie gelangten mit dem Auto zu einer Kirche, wo die Heilige Messe begann, und anschließend fand eine Prozession mit der Muttergottesstatue statt. «Warum muss ich hier sein?», fragte Elisa ihren Engel. «Du sollst zum Pfarrer gehen und ihm sagen, dass es nicht korrekt ist, die Muttergottesstatue das Jahr über im Schrank aufzubewahren, er soll sie in die Kirche stellen.» Elisa fürchtete sich, dies dem Pfarrer zu sagen, aber der Engel sprach zu ihr: «Hab' keine Angst, es wird dir nichts passieren. Geh' zum Priester, er muss dir zuhören.»

Elisa nahm den Auftrag ernst und sprach mit dem Priester, der zwar zuhörte, aber nichts an den Gewohnheiten der Pfarrei ändern wollte. Der Engel erklärte ihr später, dass der Priester überlege und seine Zeit brauche. Es könne auch länger dauern, bis jemand etwas ändere, im Himmel und auf Erden sei nicht dieselbe Zeitmessung und es könne auch ein Jahr dauern, bis etwas ernst genommen werde.

Der Kampf der Heiligen

Einmal fuhr Elisa mit drei Frauen zu einem Kloster im Südtirol. Man sprach über das Leben, die Familie und die finanziellen Sorgen und dass es in einer Familie auch zu kämpfen gebe. Überraschend sagte ihr der Engel, sie solle in der Kirche die Gemälde gut anschauen. Elisa und ihre Freundinnen entdeckten an der Kirchendecke die Engel und den hl. Martin, der mit einem Schwert kämpfte. «So war es, bevor er heilig wurde», sprach der Engel. «Die Heiligen mussten auch kämpfen. Ihr müsst auch kämpfen. Es kommt eine Zeit, in der die Menschen nur noch Marionetten aller Staaten der Welt sind.»

Der Portiunkula-Ablass

Im Jahr 2016 wurden zwei wichtige Ereignisse gefeiert: der Jahrestag der Gewährung des Portiunkula-Ablasses, der durch den Wunsch des hl. Franz von Assisi inspiriert wurde, dass «jeder in den Himmel komme, der den Ablass empfängt», und das Jubiläum des Festes der Barmherzigkeit, das durch Papst Johannes Paul II. inspiriert wurde. Als Elisas Pfarrei das Portiunkula-Fest feierte, an dem man einen vollkommenen Ablass gewinnen kann, gingen viele Gläubige zur Beichte, um den Ablass zu gewinnen.

Während Elisa zur heiligen Kommunion nach vorn schritt, fiel sie auf einmal zu Boden und hatte eine Vision: Der hl. Franz von Assisi erschien ihr und erklärte, sie sei im Himmel und dass alle, die heute den Ablass gewinnen und sterben würden, ins Paradies kämen. «Tatsächlich war es so», erläuterte Pater Klemens, «dass der hl. Franziskus 1216 den Bischöfen von Umbrien am Tag der Einsetzung des Portiunkula-Ablasses diese Botschaft mit den Worten verkündet hatte: Ich will euch alle, alle ins Paradies schicken.»

Pater Pio

Einmal sah Elisa in Begleitung ihres Engels den hl. Pater Pio. «Pass gut auf deinen Sohn auf», sagte ihr Pater Pio, «er ist in großer Not.» Als sie das Pater Klemens erzählte, sagte er halb im Scherz: «Frage Pater Pio einmal, was er über mich sagt.» Pater Pio offenbarte Elisa, dass Pater Klemens auf dem rechten

Weg sei. Schließlich habe er ihn ja zu seinen Lebzeiten noch durch einen Freund fragen lassen, ob er Priester werden solle, und er habe ihm damals seine Ermutigung dazu ausgesprochen.

«Und genau so war es», bestätigt Pater Klemens heute. «Ich hatte ihn durch einen Freund, der Pater Pio persönlich kannte, mittels eines Briefes fragen lassen, ob es richtig sei, wenn ich Priester würde. Jener Freund hatte mir durch Pater Pio persönlich ausrichten lassen, dass ich auf dem richtigen Weg sei.»

Andere Visionen

Ein andermal sagte Elisa während des Gottesdienstes zu ihrem Engel: «Ich bin sicher die Dümmste von Heglikon. Schau mal diese intelligenten Leute.» Der Engel wies sie darauf hin, dass die Menschen zwar intelligent sein könnten, aber nicht unbedingt Weisheit hätten. Weisheit sei eine Tugend und bedeute auch Respekt und Demut. Der Engel zeigte ihr, dass es nicht genüge, in die Kirche zu gehen. Man müsse auch Opfer bringen, Opfer der Nächstenliebe.

Es war Weihnachten und Elisa fragte ihren Engel während der Heiligen Messe, wie oft Jesus denn geboren werde. «Nur einmal. Aber wir feiern jedes Jahr seinen Geburtstag», antwortete der Engel. Und als Natalie ihren Zettel mit den Gebeten der Gesundheitsausbildung hervornahm, um das Vaterunser und das Gebet zum hl. Erzengel Michael zu beten, gab der Schutzengel Elisa zu verstehen, dass Natalie die Gebete falsch spreche. Tatsächlich hatte sie eine abgeänderte

Version beider Gebete in der Gesundheitsausbildung erhalten … Der Teufel versucht, sich sogar bei den Gebeten einzuschleichen.

Heiliger Charbel und seliger Engelbert

Einmal sah Elisa einen Heiligen, der aus dem Libanon stammte. Sie sah ihn ganz klar, wusste aber nicht, wie er heißt. Erst als Pater Klemens nachforschte und den hl. Charbel fand und ihr sein Bild zeigte, bestätigte sie, dass er genau so ausgesehen habe, mit einem langen Bart.

Auf einer Reise zur Geburtsstätte des sel. Engelbert Kolland aus Ramsau im Zillertal/Tirol fiel Elisa im Auto in Ekstase und sah laufend Ereignisse aus dem Leben des Seligen. Im Jahr 1860 kam es zu Massakern an der christlichen Minderheit in Damaskus, in deren Verlauf auch die Missionsstation Kollands von Drusen überfallen wurde.

Er wurde in der Nacht vom 9. zum 10. Juli 1860 gemeinsam mit sieben Mitbrüdern und drei maronitischen Laien ermordet. Fragmente aus seinem Leiden erlebte Elisa in dieser Vision mit und konnte sie nachher im Detail erzählen. «Was sie erzählte, hatte mich sehr erstaunt», sagte Pater Klemens, «sie konnte mir Fakten aus Syrien sagen, die sie von sich aus gar nicht wissen konnte.»

Von Pia Bühler aufgezeichnet,
die Namen und Orte wurden zum Teil abgeändert.

Dank seiner Inspirationen kam ich wieder «nach Hause»

Wie könnte ich mich nicht an das erste Mal erinnern, da ich meine liebe Großmutter mein erstes Schutzengelgebet aufsagen hörte, als ich fünf Jahre alt war. Damals fragte ich sie: «Oma, wer ist der Schutzengel?», und als sie mir erklärte, dass es jemand sei, der sich immer an meiner Seite befinde, war ich glücklich, dies zu erfahren. So begann ich schon früh, eine ganz besondere und persönliche Beziehung zu meinem Schutzengel zu haben, der mich begleitete, wohin ich auch ging. Ich fühlte mich nie allein und er war immer an meiner Seite. Ich habe nicht daran gezweifelt. So begann ich, jeden Abend mein erstes Gebet zu sprechen, das ich nach mehr als 40 Jahren immer noch spreche und meinen Kindern beibringe:

«Schutzengel, mein lieblicher Begleiter, verlass mich nicht bei Tag und bei Nacht. Mit Gott gehe ich zu Bett, mit Gott stehe ich auf; mit der Jungfrau Maria und dem Heiligen Geist.»

Im Erwachsenenalter wurde mir klar, dass es verschiedene Versionen dieses schönen Volksgebetes gibt, mit seinen verständlichen Variationen, die jede Großmutter im Laufe der Zeit hinzugefügt oder verändert hat. Das klare Ziel ist jedoch, die Kleinen daran zu erinnern, dass sie einen Schutzengel haben, der sich um sie kümmert, während sie schlafen und auch während des folgenden Tages.

Der Schutzengel nahm mich an der Hand

Folglich war es mein Schutzengel, der mich an der Hand führte, um Jesus Christus, meinen Gott und Erlöser, kennenzulernen. Einen großen Teil meiner Jugend hatte ich fern von Gott und auf der Suche nach den weltlichen Vergnügungen gelebt. Obwohl ich in diesem Leben keinen Frieden und keine Erfüllung fand, betete ich jede Nacht zu meinem Engel und tagsüber spürte ich immer seine Gegenwart. Aber ich achtete nicht darauf, ob das, was ich tat, schlecht oder gut war; das Einzige, was zählte, war das, was ich in diesem Moment tun wollte.

Dank des Sakraments der Firmung an meinem 21. Geburtstag begann ich, Christus besser kennenzulernen, indem ich versuchte, Gottes Willen in meinem Leben zu verwirklichen. Infolgedessen begann ich glücklich zu sein, wirklich glücklich. Und mein Schutzengel war bestimmt erleichtert, dass ich endlich auf dem richtigen Weg war.

Glücklich verheiratet

Und obwohl ich eine neue Beziehung zu Jesus, der hl. Jungfrau Maria und einigen Heiligen, die ich sehr schätze, begann, erhielt mein Engel immer einen Lieblingsplatz in meinem Gebet. Er war es, der mich lehrte, mich in die Gegenwart Gottes zu versetzen, denn dank seiner Inspirationen konnte ich durch eine bessere Kenntnis meines katholischen Glaubens wieder «nach Hause» kommen.

Jetzt bin ich seit 15 Jahren glücklich verheiratet mit einer wunderbaren Seele, die auch mit mir betet. Wir haben fünf wunderbare Kinder, die ihre ersten Gebete zum Schutzengel aufsagten, als sie noch sehr klein waren: ein liebreiches Gebet an unseren unzertrennlichen Begleiter, das wir weiterhin jeden Abend vor dem Einschlafen als Familie beten. Ein Familiengebet, das wir auf den Knien an unserem kleinen Altar verrichten, den wir um die Welt tragen, um gemeinsam zu beten.

Der Schutzengel von Portugal

In unserem Altar befindet sich ein kleines Holzbild des Schutzengels von Portugal, das man uns vor einigen Jahren nach einem Kongress katholischer Familien in Lissabon geschenkt hat. Dieses schöne Bild ist Zeuge dafür, dass wir als Familie jeden Abend beten, überall auf der Welt, aber gemeinsam, immer gemeinsam. Vielen Dank, lieber Schutzengel, dass du mich an die Hand genommen und mich zu einem so erfüllten und glücklichen Leben geführt hast. Danke, denn jetzt lebe ich jeden Augenblick des Tages im Bewusstsein der Gegenwart Gottes. Danke, dass du uns zeigst, dass wir im Leben nie allein sind.

Paul Ponce (Jongleur, Entertainer)

Zwei gute Schwimmer

Als eine meiner Schwestern 15 Jahre alt wurde, hatte mein Vater die Möglichkeit, für ein paar Tage in eine Stadt an der Küste zu reisen, und er dachte, dass dies ein hervorragendes Geburtstagsgeschenk für die 15-Jährige wäre. Also organisierte er die Reise und meine Eltern und meine Schwester fuhren hin; ich wurde eingeladen, weil ich im folgenden Jahr ebenfalls 15 Jahre alt werden würde und es üblich war, dieses Alter mit einer großen Party oder einer Reise zu feiern. Wir vergnügten uns am Strand und ich erinnere mich, wie mein Vater meine Schwester überredete, ins Meer zu gehen und eine Weile zu schwimmen; ich blieb am Strand und sprach mit meiner Mutter.

Ein paar Minuten später sagte meine Mutter zu mir: «Sie schwimmen zu weit weg», und versuchte, ihnen zu signalisieren, dass sie zurückkommen sollten, aber sie entfernten sich immer mehr vom Ufer. Meine Familie kennt sich nicht gut aus mit dem Meer, wir haben nie in seiner Nähe gelebt und meine Schwester und ich sahen das Meer zum ersten Mal.

Kontrolle verloren

Viele Leute am Strand richteten ihren Blick auf meinen Vater und meine Schwester, weil sie schrien und es offensichtlich war, dass sie die Kontrolle verloren hatten, weil sie wegen der starken Wellen nicht mehr ans Ufer schwimmen konnten. Ich erinnere mich, dass meine Mutter «Heiligstes Herz Jesu» rief und mir sagte, ich solle am Strand bleiben und beten, denn am liebsten wäre ich ins Meer gesprungen, um ihnen zu helfen.

Plötzlich sah ich zwei Herren, die sehr gut schwimmen konnten und ihnen zu Hilfe kamen. Es dauerte nicht lange, bis sie sie an den Strand brachten und neben uns hinsetzten. Die beiden Männer verschwanden, ohne ein Wort zu sagen, und wir konnten uns nicht einmal bei ihnen bedanken. Ich erinnere mich, dass sie sehr gutaussehend und muskulös waren. Mein Vater und meine Schwester erholten sich nur schwer von dem Schock, der jedoch mehr emotionaler als körperlicher Art war.

María González

Streit mit meinem Mann

Es war an einem Sonntag. Mein Ehemann und ich hatten Streit und redeten deshalb nicht mehr miteinander. Als es Zeit war, in die Heilige Messe zu gehen, liefen wir schweigend ein paar Meter hintereinander zur Kirche. Ich überlegte, dass ich doch so nicht zur heiligen Kommunion gehen könne, wenn wir im Streit waren. Ich bat meinen Schutzengel, er möge sich an den Schutzengel meines Mannes wenden, damit dieser sich mit mir versöhnen möge. Im selben Augenblick drehte sich mein Mann um und sagte: «So geht es nicht! So können wir nicht zur Kirche! Versöhnen wir uns!» Wir waren beeindruckt, wie schnell die Engel alles miteinander regelten!!

Brigitte

Der Verlust meines Hörgerätes

Schutzengel mein, lass mich dir empfohlen sein … Mit zunehmendem Alter mehren sich die Unaufmerksamkeiten. Vergessene Regenschirme, Handschuhe, Gehstöcke etc. sind nicht nur Folgen von Gedankenlosigkeit, sondern oft ein Zeichen für unbewältigte Probleme, die man mit sich herumträgt. Alles Mögliche kann man heute versichern: Da gibt es Haushaltsversicherung, Diebstahl- und Krankenversicherung, Feuer- und Unfallversicherung usw. Die Kosten gehen ins Unermessliche. Ein Hörgerät ist teuer, die Versicherung gegen Verlust ebenso. Vertrauen auf unseren Schutzengel kostet dagegen nichts. Es erfordert allerdings unser ganzes «JA» zur göttlichen Vorsehung und unserem himmlischen Begleiter.

Mein Hörgerät für 1400 Euro

Ich hatte eine Überweisung zum Röntgenarzt in Liesing. Beim Aufrufen meines Namens muss ich in die Kabine, um meinen Oberkörper freizumachen, Kette und Hörgeräte zu entfernen. Ich verstaue sie in meiner Rocktasche. Beim Ankleiden übersehe ich eines meiner Hörgeräte, Wert – da bei Verlust die Kasse nichts mehr beisteuert – ca. 1400 Euro.

Mit dem Auto zuhause angekommen, entdecke ich den Verlust. Also schnell zur Stelle meines Autoparkplatzes. Dort jedoch finde ich nichts. So gehe ich zurück zur Röntgenstation. Man wird meinen Verlust vermerken. Dann gehe ich noch zur Liesinger Pfarrkirche, wo ich vor meiner Untersuchung gebetet habe. Zum Fundamt im Rathaus. Nachmittags geschlossen. Nach etwa eineinhalb Stunden gebe ich auf.

Ehe ich zur Ecke komme, wo ich das Auto geparkt habe, bleibe ich nochmals stehen und sende eine innige Bitte zum Himmel. Wie ich meinen Kopf wieder senke, liegt vor meinem Schuh das Hörgerät. In dieser Zeit meines Suchens sind viele Leute dort vorbeigegangen. Ein Fußtritt auf das zarte Gerät, und es wäre zerstört gewesen. Vertrau auf GOTT! Deo gratias.

Erhard Schmidl

Das große Schutzengelbild
aus Finnland

Mein Mann Rafa und ich haben eine Familienge-schichte aus dem Jahr 2013 zu erzählen; ich habe es stets dem Schutzengel zugeschrieben, dass damals nichts passierte, denn diesmal war die Situation brenzlig ... Wir wohnten in einem Appartementhaus in Valladolid im elften Stock, stell dir die Höhe vor!

Unsere Tochter Cobadonga war damals gerade fünf Monate alt, und mein Mann Rafa badete sie im Badezimmer. Die anderen Kinder, Borja (4) und Clara (2), befanden sich in einem anderen Zimmer. In diesem Raum gab und gibt es immer noch ein großes, wunderschönes Schutzengelbild. Ein großer, majestäti-scher Schutzengel, der ein kleines Mädchen und einen kleinen Jungen über eine Brücke begleitet. Ich habe es mal in Finnland gekauft, als ich dort eine Freundin besuchte. Dieses Bild liegt mir sehr am Herzen. Rafa, der eben Cobadonga badete, hörte plötzlich seltsame Geräusche und ein lautes Lachen aus dem Zimmer, wo sich Borja und Clara befanden.

Die Kinder vor dem offenen Fenster im elften Stock

Als er die Türe öffnete, sah er Clara und Borja vor dem offenen Fenster auf einem Schreibtisch stehen, auf derselben Höhe wie das geöffnete Fenster. Also eine unbeschreibliche Gefahr! Eine Frage von Sekunden, kein Zögern! Mit Baby Cobadonga im Arm riss Rafa die beiden an sich, nahm sie vom Tisch herunter und rügte sie mit Schelten und zwei Klapsen; danach schloss er das Fenster. Natürlich entfernten wir diesen Tisch aus dem Zimmer.

Ich darf nicht daran denken, was passiert wäre, wenn Rafa ein paar Sekunden später eingetroffen wäre! Aber der finnische Schutzengel war dort, schützend vor diesem Fenster. Immer, wenn ich dieses Zimmer betrete und diesen Engel sehe, denke ich an die große Gnade, die er uns damals erwiesen hat.

Catalina Soto de Prado Otero

«Geh noch einmal
in den Raum der Stille»

An einem Samstag im November begab ich mich zum Turnen ins Limmattalspital. Vor meinem Vorhaben betrat ich den Raum der Stille, um den Herrn zu grüßen. Nach dem Training hatte ich im Sinn, verschiedene Einkäufe zu tätigen, und beabsichtigte deshalb, das Spital durch den seitlichen Ausgang zu verlassen. Ich war schon im Begriff, meinen vorgesehenen Weg einzuschlagen, da vernahm ich eine innere Stimme, die mir sagte: «Geh noch einmal in den Raum der Stille.» Etwas widerwillig ging ich dorthin.

Hier fand ich Elisabeth, eine mir bekannte ältere Frau, die vor dem Tabernakel saß. Sie sagte zu mir: «Hier habe ich jetzt gebetet, dass mich jemand finde, und du bist gekommen.» Da sie an diesem kalten Morgen nur mit einem feinen Pullover bekleidet war und zwei Krücken an der Wand angelehnt waren, glaubte ich, dass sie als Patientin im Spital war.

Doch dem war nicht so. Sie war nach verschiedenen Spitalaufenthalten zur Rehabilitation in einer Rehaklinik einquartiert. Dort war sie an diesem Morgen um 6 Uhr davongelaufen, um mit dem Zug nach Zürich und später mit dem Bus nach Schlieren zu fahren. Sie hatte kein Billett, kein Geld und keinen Ausweis bei sich. Elisabeth litt an einer Art «Nachtwandeln». Es trieb sie etwas an, das sie sich nicht erklären konnte, wegzulaufen. Sie war an diesem kalten Novembertag nur leicht bekleidet und dementsprechend auch durchfroren.

Dem Ratschlag des Schutzengels folgen

Zuerst ging ich mit ihr ins Restaurant, damit sie dort etwas Warmes trinken und etwas essen konnte. Weiter half mir in dieser Situation der Portier des Limmattalspitals, der in der Reha-Klinik anrief. Dort hatte man sie nicht vermisst. Man glaubte, Elisabeth sei für ein verlängertes Wochenende nach Hause gefahren. Zuletzt wurde sie im Notfall aufgenommen, wo die Ärzte sich weiter um sie kümmerten.

Mir wurde bewusst, dass es gut gewesen war, dem Ratschlag meines Schutzengels Folge zu leisten und mich nochmals in den Raum der Stille zu begeben. Nach etwa zweieinhalb Stunden ging ich frohen Mutes nach Hause.

Anne-Marie

Der kleine Engel

Der kleine Engel wacht am Tabernakel und weilt verklärt
vor seinem höchsten Herrn, er strahlt im milden Licht
der Kerzenfackel und alles Irdische ist ihm so fern.

Er senkt den reinen Blick in Demut nieder und hält die Hände
vor der stillen Brust, er hört im Innern himmelhohe Lieder und
fühlt in leisem Lächeln ihre Lust.

Sein selig Sinnen ist in Gott versunken, der sich voll Huld
dem kleinen Engel zeigt, er ist von dieser Seligkeit ganz
trunken, wie sich der Himmel leise zu ihm neigt.

Der kleine Engel strahlt im Angesichte und leuchtet still
von Gottes Majestät, er kündet von dem unnahbaren Lichte,
in dem er vor dem Tabernakel steht.

Wenn meine innern Augen sehen könnten, was dieser Engel
voller Demut sieht, wenn mir die Augen seine Schau
vergönnten, dann wäre ich von Gottes Licht durchglüht.

Hilf, kleiner Engel, mir auf deine Weise und bitt' für mich
mit kindlich reinem Sinn, und sag dann noch dem lieben Gott
ganz leise, dass ich ihn lieb' und stets sein Diener bin.

Peter Egger

Eine übernatürliche Kraft

Ich kann dir ein Erlebnis erzählen, an das ich mich heute immer noch genau erinnere, obwohl es vor 48 Jahren passierte. Meine Tochter war damals zwölf Jahre alt, heute ist sie 60. Unsere Familie wohnte in Basel und die Tramhaltestelle befand sich direkt vor unserem Haus. So geschah es eines Tages, dass ich Olivia zum Reiten begleiten wollte, und zwar mit dem Tram. Die Zeit drängte und wir mussten uns beeilen, um pünktlich anzukommen, aber sie trödelte vor sich her, so dass ich nervös und ungeduldig wurde.

Als wir schließlich aus dem Haus rannten und in Eile die Straße zur Trambahn überqueren wollten, zwang mich eine übernatürliche Kraft, den Kopf nach links zu drehen. Die Trambahn fuhr vor unserer Nase mit voller Kraft in die Haltestelle ein, denn Bäume verdeckten uns, so dass der Tramfahrer uns nicht sehen konnte. Hätte ich nicht nach links geschaut, hätte er uns überfahren. Mein Schutzengel hatte mich gemahnt.

Jacqueline Gömöri

In der Glückshaube geboren

Mein Mann sagt, dass bei seiner Geburt sein Schutzengel gewirkt habe. Er wurde als zehntes Kind im Jahr 1932 in einem Dorf Ungarns, Tornanádaska, zuhause geboren. Er wurde in einer sogenannten Glückshaube geboren. Die Glückshaube beschreibt das Phänomen, dass ein Baby mit einem Teil der Fruchtblase wie eine kleine Mütze über den Kopf gezogen, geboren wird. Noch seltener kommen Babys in einem ganzen Glücksanzug zur Welt, nämlich in der komplett intakten Fruchtblase.

Die Fruchtblase muss von einer Hebamme oder einem Arzt geöffnet werden, damit das Kind herauskommen kann, aber bei meiner Mutter waren weder eine Hebamme noch ein Arzt anwesend. Damals starben viele Kinder bei der Geburt. So musste man den Arzt rufen, der sieben Kilometer entfernt mit dem Pferd angeritten kam und mit einem Messer die Fruchtblase richtig aufschnitt. Mein Mann ist überzeugt, dass sein Schutzengel ihm zu seiner Geburt verholfen hat.

Jacqueline und Zoltan Gömöri (Zoltan †)

Die Beethoven-Büste

Es war im März. Wir hatten einen schönen Winter gehabt und der Schnee war jetzt am Schmelzen. Nach dem Morgen-Gottesdienst in der Kirche St. Peter und Paul begab ich mich auf einem anderen Weg als sonst nach Hause. Ich ging vom Zweierplatz der Badenerstraße entlang Richtung Haltestelle Bezirksgebäude. Schräg gegenüber der Haltestelle sah ich einen Musikladen mit vor allem elektronischen Geräten. Es gab eine Dekoration im Schaufenster: eine Beethoven-Büste.

Ganz gegen meine sonstige Gewohnheit, einfach weiterzugehen, hat mich damals etwas zurückgezogen und mir den Gedanken eingegeben, diese Büste genauer zu betrachten. Kaum schaute ich diese Büste an, hörte ich ein gewaltiges Knirschen und ein riesengroßer Eiszapfen knallte auf den Boden und zerbarst lautstark. Mir wurden die Knie weich und ich dachte, wenn ich vorwärtsgegangen wäre, hätte mich dieser Eiszapfen getroffen. Ich war ganz benommen, aber auch überglücklich, dass mich mein Schutzengel zurückgehalten hatte.

Lucie Theiler

Engelhilfe prompt!

Während meines Urlaubes, den ich mit meiner Frau und meinem zehnjährigen Enkel in Osttirol verbrachte, hatte ich folgendes Erlebnis:

In einem Bauernhof am Berg, hoch über dem Tal der Isel, unweit der Kleinstadt Lienz, hatten wir unser Quartier bezogen. An einem zum Wandern einladenden Tage hatten wir beschlossen, vom Matreier Tauernhaus mit dem Pferdegespann in das «Innergschlöss» und dann zum Fuß des Großvenedigers zu fahren. Mangels einer Fahrgelegenheit – die «Zeugeln» waren alle schon vergeben – brachen wir unseren Ausflug ab und meine Frau und unser Enkel begaben sich ins Lienzer Dolomitenbad. Ich selbst fühlte mich wegen einer Erkältung nicht wohl und legte mich mit etwas Fieber ins Bett.

Als ich erwachte, war die Sonne verschwunden und dunkle Gewitterwolken zogen über die Berge herauf. Es war höchste Zeit, meine Leute aus dem Bad zu holen. Als ich nach Lienz kam, hatte sich bereits der Sturm erhoben. Die meisten Badegäste hatten das Bad schon verlassen. Zu meinem Erstaunen musste ich feststellen, dass mein Enkel noch immer seine Tempi im Sportbassin absolvierte. Ich schalt meine Frau wegen des Leichtsinns.

Das Unwetter naht

Rasch packten wir unsere Sachen und eilten zum Ausgang. Überall lagen schon Blätter und abgebrochene Äste auf der Straße, und die jungen Bäume bogen sich fast bis zum Boden. Als wir die Autotür schlossen, waren die Schleusen des Himmels bereits geöffnet. Schnell ging es zur Stadt hinaus entlang der Isel. Ich konnte wegen der herabstürzenden Wassermassen kaum noch den Straßenverlauf erkennen.

Endlich links das große Sägewerk und dann über die Iselbrücke den Berg hinauf. «Wenn nur jetzt keine Mur herunterkommt», war mein erster Gedanke. Da fiel mir ein, dass mir kurz vor meiner Urlaubsfahrt von einem apostolisch wirkenden Herrn, der von Salzburg aus Wallfahrten organisiert und periodisch Rundbriefe versendet, folgendes altes Gebet zugegangen ist, bei Unwetter zu beten.

Jesus Christus, der König der Glorie,
ist gekommen in Frieden. Gott ist Mensch geworden.
Christus ist von der Jungfrau geboren worden.
Christus hat gelitten. Christus ist gekreuzigt worden.
Christus ist vom Tode auferstanden. Christus ist in den
Himmel gefahren. Christus überwindet. Christus herrschet.
Christus gebietet.

Christus wolle uns vor allem Blitz und Donner beschützen.
Christus ging mitten durch sie in Frieden. Und das Wort
ist Fleisch geworden. Christus ist bei uns mit Maria.
Fliehet ihre widrigen Geister, denn der Löwe von dem
Geschlechte Juda, die Wurzel David, hat überwunden.

Heiliger Gott, heiliger starker Gott, heiliger unsterblicher Gott,
erbarme dich unser.

Drei Vaterunser und Ave Maria.

Schutzengel betet stellvertretend

Was tun? Den Brief hatte ich im Bauernhof im Schrank. Ich bat meinen Schutzengel, stellvertretend für mich dieses Gebet zu verrichten. Wie staunten da meine Frau, mein Enkel und ich, als plötzlich, von einem Augenblick zum anderen, die Straße völlig trocken war. Ganz plötzlich aus Sturm und Wasserfluten: staubtrockene Straße. Wir waren ganz knapp an der Verwüstung durch Unwetter, von der die Zeitung am nächsten Tag berichtete, vorbeigefahren.

Auch in späteren Jahren hat dieses Gebet bei heftigen Gewittern seine Wirkung nicht verfehlt.

Erhard Schmidl

Es passierte beim elektrischen Viehhüte-Apparat

Es war ein wunderschöner Sonntag im September, so richtig geeignet für einen Tagesausflug oder eine Bergtour. Schon am Morgen war das Zwitschern der Vögel zu hören und am Rande unseres Dorfes erklangen die Kuhglocken der weidenden Kühe. Dieser Sonntag war aber weder für eine Tageswanderung noch für eine Bergtour vorgesehen, sondern für den Besuch des alljährlich stattfindenden «AutoBergrennens Hemberg». Meine Tochter mit Schwiegersohn planten, ohne ihren Hund am Anlass teilzunehmen und den anschließend offerierten Imbiss mit Kollegen zu genießen.

Ich, als pensionierte Mitbewohnerin in der Einliegerwohnung bei Tochter und Schwiegersohn, bot an, ihren 6½-jährigen Hund zu hüten und mit ihm den üblichen Nachmittagslauf zu machen. So weit, so gut. Unser Hund war erst seit einem halben Jahr unser Familienmitglied und somit bei uns wohnhaft. Bei seiner Geburt war der Hund Eigentum eines jungen Ehepaares und fühlte sich dort glücklich. Doch als ihr erstes Kind geboren wurde, vernachlässigte man den Hund mangels Zeit. Der Besitzerwechsel wurde unumgänglich. Es war das zweite Mal innerhalb dieses halben Jahres, an dem man mir für einen zirka zweistündigen Lauf die alleinige Verantwortung für den Hund anvertraute.

Alles Rufen und Pfeifen nützte nichts

Guten Mutes, aber voller Respekt, marschierten wir zusammen los über Felder und Nebenwege, abseits von den übrigen Spaziergängern. Auf halbem Weg passierte es. Der Hund touchierte mit seinem Schwanz den am Wegrand elektrisch geladenen Viehhüte-Apparat – ein lautes Jaulen – und der Hund, mein Zögling, war weg, fort; alles Rufen und Pfeifen nützte nichts, einfach weg.

Ich suchte die nahe und weitere Umgebung mitsamt den umliegenden Scheunen ab, nichts, der Hund war spurlos verschwunden. Schweißgebadet und mutlos kehrte ich nach einstündiger Suche den Weg, den ich gekommen war, allein wieder heimwärts. Auf Schritt und Tritt rief ich meinen Schutzengel und alle Heiligen um ihre Hilfe an … mein Hundeli war weg!

Wohl oder übel näherte ich mich allein unserem Haus. Wie ich um unsere Hausecke kam, stand da ein weißer Hund und kam auf mich zu, wie wenn er sagen wollte: «Ja, kommst du erst?» Ich traute meinen Augen kaum, mein Hundeli war da, ich musste ihn umarmen und küssen – Gott sei's gedankt! Heiliger Schutzengel, empfange großen Dank! Du hast mir wiederum in großer Not geholfen.

Anni Kohler

Er ist immer da – ohne herausragende Ereignisse

Meine Mutter hat uns Kindern immer eingeschärft, zum heiligen Schutzengel zu beten. Das tut sie heute noch. Ich kann kein besonders herausragendes Erlebnis in dem Sinne beitragen. Es sind eher kleine Dinge. Ein Gedanke des Schutzengels, der blitzschnell aufkommt («Pass auf, es könnte Wildwechsel auf der Straße geben»), und kaum hab' ich dies gedacht, steht ein großer Hirsch direkt neben der Straße, die Vorderfüße fast schon auf dem Teer. Ich konnte nicht mehr stoppen, aber er stand wie aus Bronze gegossen da. Alles ging gut.

Beatrix Zureich

Plötzlich packte mich
jemand am Kragen

Ich war nach Helsinki umgezogen, um die apostolische Arbeit des Opus Dei in diesem Land anzufangen. Es war wirklich nicht einfach, aber wir hegten alle den großen Wunsch, den finnischen Seelen Gott zu bringen. Eines Sonntagmorgens ging ich zur kleinen katholischen Kathedrale in die Heilige Messe, in der Hoffnung, jemanden zu treffen, dem ich meine Freundschaft und Hilfe anbieten konnte.

Ich war in meinen warmen Mantel eingehüllt und hatte Handschuhe an, denn es war ein kalter Wintermorgen. Ich überquerte den Vanhan-Puisto-Park und begann, die Bulevardi-Straße zu überqueren. Es war menschenleer und es herrschte große Stille. Ich betete im Inneren, sehr glücklich und aufgeregt wegen der bevorstehenden Früchte der Heiligen Messe, der ich beiwohnen wollte.

Gottes zärtliche Fürsorge

Ich war mitten auf der Straße, als mich jemand von hinten am Kragen meines Mantels packte und mich dazu nötigte, einen Schritt zurückzutreten. In diesem Moment raste ein Auto an mir vorbei. Ich war so in Eile, dass ich es kaum sah. Ich drehte mich um, um der Person zu danken, die mich zurückgezogen hatte, aber es war niemand da. Ich sah mich genauestens um, aber ergebnislos. Da wurde mir klar, dass Gott mich glücklicherweise durch meinen Schutzengel gerettet hatte. Ich weiß nicht mehr, ob ich in dieser Heiligen Messe jemandem begegnet bin, aber ich kehrte sehr glücklich nach Hause zurück und erzählte vom Gnadenerweis meines Engels und von Gottes zärtlicher Fürsorge für uns.

Nuria Valles

Denke frühzeitig
an deinen Schutzengel

Es geschah an einem wunderbaren Frühsommertag. Mein Mann wollte mit mir in seine frühere Heimat wandern gehen, dahin, wo er bereits als Knabe mit seinem Vater und seinem jüngeren Bruder gewandert war. Wir fuhren mit dem Auto also ins Toggenburg, parkten auf einem signalisierten Parkplatz recht hoch oben am Berg – früher musste man natürlich zu Fuß vom Dorf hinaufsteigen – und machten uns auf den Weg.

Nach dem mittäglichen Picknick-Halt bei einer Holzhütte ging es stetig aufwärts dem Ziel entgegen. Auf einer Alpweide mit besonders prächtiger Aussicht rasteten wir ein zweites Mal. Mein Mann konnte sich nicht mehr so gut erinnern, wie der Weg weiter verlief. Er kam ihm jetzt viel steiler vor als zu seiner Jugendzeit.

Erste und letzte Chance

In Anbetracht seiner Knieprobleme beschloss er deshalb, wieder umzukehren, damit er nicht noch länger abwärts laufen müsse. Da war ich aber nicht einverstanden: 20 Minuten vor dem Ziel aufgeben! Das kam für mich nicht in Frage; ich war ja noch nie in dieser Gegend gewesen und das war wohl die erste und letzte Gelegenheit.

So wanderte ich denn zügig weiter bergauf, während mein Mann versicherte, er bleibe an diesem Rastplatz sitzen, bis ich wiederkäme. Unterdessen waren schon recht viele Wanderer unterwegs, solche, die bereits vom Gipfel zurückkehrten und andere, die noch hinauf marschierten. Oben genoss ich das einmalige Panorama und bedauerte, dass mein Mann es nicht bis hinauf geschafft hatte, da es hier doch noch viel schöner war – «aber ich war ja schon als Kind oben», meinte er.

Wo bist du?

Nach geraumer Zeit machte ich mich auf den Rückweg, recht zügig, da ich mich ziemlich lange an der wunderbaren Aussicht bei der Panoramatafel aufgehalten hatte. Als ich zur Stelle kam, wo ich mich von meinem Mann getrennt hatte, war dieser nicht aufzufinden. Was liegt näher, als zum Handy zu greifen und zu fragen: «Wo bist du?» Aber eben, das Handy lag im Auto beim Parkplatz – wie dies bei uns leider so oft geschieht, obwohl unsere Kinder uns genau für diese Situation zwei Mobiltelefone geschenkt haben …

Nach einigem Suchen dachte ich, dass er sich wohl schon langsam auf den Rückweg begeben hatte, da er abwärts ohnehin nicht so schnell war. Ich eilte eine gute Viertelstunde auf dem Wanderweg hinunter. Von Zeit zu Zeit fragte ich entgegenkommende Leute, ob sie vielleicht einen Wanderer mit Hut, Stöcken und Hosenträgern – aus meiner Sicht ein nicht alltägliches Accessoire zur Wanderausrüstung, aber ein «Marken-zeichen» meines Mannes – gesehen hätten. Erfolglos, er war nicht aufzufinden. Ich kam an eine Stelle, wo ich den Weg auf eine lange Strecke nach unten sehen konnte – nichts.

Ich mobilisierte meinen Schutzengel

So hastete ich wieder aufwärts, zurück zum Rastplatz. Nichts! Vielleicht hatte er doch bereut, dass er den Gipfel nicht erreicht hatte? Also nochmals hinauf auf den Berg! Ich rannte weiter. Jetzt kamen mir Leute entgegen, denen ich schon beim Hinuntereilen begegnet war. Sie hatten meinen Mann auch oben nicht angetroffen. Ich war langsam aber sicher am Verzweifeln und kehrte wieder um.

Schon hatte ich den Rastplatz erreicht, aber mein Mann blieb verschwunden. Endlich kam ich auf die Idee, meinen Schutzengel zu mobilisieren. «Jetzt musst du mir helfen!» Und im gleichen Augenblick sah ich meinen Mann seelenruhig auf den Wanderweg zusteuern. Wegen der zahlreichen Leute hatte er sich etwas weiter unten am Hang zurückgezogen.

Und was habe ich aus dieser Geschichte gelernt? Denke frühzeitig an deinen Schutzengel – und vergiss das Handy nicht!

Ursula

Nun wusste ich, dass ich einen Schutzengel hatte

Meine Patin nahm mich als Kind auf eine Pilgerfahrt durch Frankreich mit. Sie fotografierte oft Bilder, Statuen, Kirchen und Häuser, wo die Heiligen lebten. In dieser Zeit sah ich mich manchmal allein um. Einmal begegnete ich einer blinden Frau und sie fragte mich auf Französisch: «Où est la basilique?» Damals hatte ich in der Primarschule erst ein Jahr Französisch gehabt und schämte mich zu antworten: «Je ne sais pas.»

Die Frau merkte, dass jemand da war, und fragte immer eindringlicher. Ich lief weg. Auf dem Gelände war eine Kirche, die ich betrat. In der Kirche kam mir in den Sinn, dass dies die Basilika war, welche die Frau meinte. Ich verließ die Kirche wieder und suchte die blinde Frau überall auf dem ganzen Gelände, doch sie war nirgends mehr zu finden. Ganz traurig ging ich wieder in die Basilika hinein und betete.

Nun wusste ich, dass ich einen Schutzengel hatte

Ich weiß, es klingt sehr unlogisch, aber als Kind dachte ich, dass einige Menschen einen Schutzengel hätten und andere nicht – soweit mein Wissensstand damals. Also betete ich, dass falls ich einen Schutzengel hätte, die Frau irgendwie in die Kirche kommen sollte durch die Hilfe eines Menschen oder auch allein. Mein Gebet war sehr inständig; ich hatte alles getan, um dieser Frau zu helfen, und doch konnte ich sie nicht finden und hatte Angst, ihr zu antworten. Es zerriss mir fast das Herz. Nach ein paar Minuten betrat die Frau an der Hand eines Mannes die Basilika. Ich war überglücklich, denn nun wusste ich, dass ich einen Schutzengel hatte.

Lucia Zgraggen

Zwei Schutzengel –
rasch und unbürokratisch

Anlässlich eines Vortrages über den christlichen Glauben sprach ich am Schluss beiläufig von den Schutzengeln. Einige Tage später erhielt ich von einer der Zuhörerinnen eine Whatsapp-Nachricht: «Deine Aussage letzten Donnerstag … hat mir sehr geholfen, meinen Schutzengel mehr zu bitten und … fast jedesmal erhalte ich eine Antwort, es funktioniert wirklich … Danke.» Diese Nachricht hat mich angespornt, meinen eigenen Schutzengel vermehrt beizuziehen; kürzlich in einer ausweglosen Situation, hat er auch mir geholfen.

Bei einem Spaziergang fiel mir ein älterer Herr auf, der auf dem Gehsteig und auf der Straße herumtorkelte, sich nur mühsam und stockend fortbewegen konnte. Bei jedem seiner Schritte blieb mir fast der Atem stehen und ich fürchtete, dass er bald zu Boden fallen würde. Trotz Corona-Gefahr bot ich ihm meine Hilfe an. Er meinte, er habe sich beim Spaziergang überschätzt, schaffe es aber schon noch allein nach Hause. Seine Wohnung befände sich in der Nähe.

Ich beobachtete ihn, bis er die Tür zu einem Mehrfamilienhaus öffnete, eintrat und die Tür ins Schloss fiel. Ich lief weiter, aber trotz allem ließ mir der Vorfall keine Ruhe. Ich kehrte zurück und sah durch das Türfenster, wie er die Treppenstufen zu erklimmen versuchte und bei jedem Schritt beinahe nach hinten fiel. Dann entschwand er meinen Blicken.

Mein Schutzengel und sein Schutzengel

Zu Hause angelangt, grübelte ich: Was, wenn er in der Wohnung zusammengeklappt oder auf der Treppe weiter oben gefallen war? Ich musste mich irgendwie erkundigen, aber wie? So rief ich meinen Schutzengel an, er solle bitte mit dem Schutzengel dieses Mannes verhandeln und mir einen Weg aufzeigen, um mich vergewissern zu können, wie es ihm gehe. Ich bat meinen Schutzengel, dass er mir jemanden schicke, der mir weiterhelfen könnte. So kehrte ich zu diesem Haus zurück und schaute wieder durchs Fenster hinein. Niemand war zu sehen.

Plötzlich kam eine junge Frau durch die Hintertür ins Haus hinein. Ich klopfte und sie öffnete mir die Tür. Ich erzählte ihr mein Erlebnis und sie erwiderte, sie habe den Mann vor ein paar Minuten in diesem schlechten Zustand angetroffen und sich auch gefragt, was denn los sei. Sie kannte ihn und versprach, bei ihm zu läuten und sich zu erkundigen, wie es ihm gehe. Ich dankte den beiden Schutzengeln für ihre rasche Hilfe.

Pia

Er wacht über mein Priestertum

«Rom, 13. Mai 2020. Ich habe Ihren Brief betreffs der Schutzengel und insbesondere Ihres Projektes der Buchveröffentlichung erhalten. Ich schätze Ihre Initiative sehr und werde dafür beten, dass sie dazu beitrage, die Verehrung des Schutzengels unter den Gläubigen wiederzubeleben. Ich selbst hege eine große Verehrung zu meinem Schutzengel, zu dem ich jeden Tag bete. Am Ende der Heiligen Messe versäume ich es nie, ihn anzurufen. Ich muss immer wieder lernen, auf ihn zu hören und mich führen zu lassen. Er beschützt mich und wacht über mein christliches Leben und mein Priestertum.

Möge der Herr Jesus Sie mit seinem Frieden und seiner Freude erfüllen. In diesem Monat Mariens und am Tag, an dem wir Unsere Liebe Frau von Fatima feiern, vertraue ich Sie der heiligsten Jungfrau Maria an, der Mutter Gottes und Mutter aller.

Ich versichere Sie meiner besten religiösen Gefühle in corde Christi.»

Kardinal Robert Sarah

Plötzlich ein Knall

Nach ein paar prächtigen Ferientagen mit einer Freundin im Tessin machten wir uns auf die Heimfahrt. Der Verkehr ging zügig voran, wir fuhren auf der Autobahn. Vor Torre Bianca fuhr ein Sattelschlepper, mit rund 80 km/h vor mir, so überholte ich ihn. Während des Überholmanövers hörte ich einen Knall, wie von einer Explosion. Ich meinte, der Knall käme vom Lastwagen. Aber plötzlich merkte ich, dass mein Auto schlenkerte. Nachdem ich das Tempo verringert hatte und auf den Pannenstreifen ausgewichen war, sah ich die Bescherung. Mein vorderer Reifen war geplatzt! Glücklicherweise war genau da die Ausfahrt zu einer Raststätte. Der Mann vom Touring Club Schweiz wechselte mir das Rad. Da waren wieder einige Schutzengel bei mir gewesen!

Edith Frei

Das hat sicher der Schutzengel
so eingefädelt!

Vor einigen Jahren habe ich ein Versprechen eingelöst und bin mit meinen Eltern per Auto nach Wigratzbad gefahren. Da es zu dieser Zeit noch keine Navigationsgeräte für Autos gab, druckte ich mir die Reiseroute auf ein Blatt Papier aus. Alles, was ich über Wigratzbad wusste, war, dass es eine Ortschaft in Deutschland ist, dass es dort ein Priesterseminar und eine Kirche gibt und dass meine Eltern diesen Ort gerne einmal besuchen möchten.

Ich holte meine Eltern an dem besagten Tag ab und wir machten uns auf die Reise mit dem Ziel, um 11 Uhr der Heiligen Messe in Wigratzbad beizuwohnen. Kurz nach Winterthur bemerkte ich, dass ich meine ausgedruckte Reiseroute zu Hause liegengelassen hatte. Ein kurzer Blick in das Handschuhfach zeigte mir, dass es eine Schweizerkarte gab, die jedoch kurz nach der Grenze keine Ortschaften mehr anzeigte.

Dem Schutzengel vertraut

Da ich immer meinem Schutzengel vertraue, dass er mich zur rechten Zeit an den richtigen Ort begleitet, beruhigte ich meine Eltern und sagte ihnen, dass uns der heilige Schutzengel sicher geleiten werde. Meine Eltern überzeugte das nicht richtig, doch wir fuhren weiter.

Fünf Minuten vor 11 Uhr befanden wir uns irgendwo zwischen Deutschland und Österreich, und nirgendwo war ein Wegweiser Richtung Wigratzbad zu sehen. Ich war so überzeugt, dass diese Ortschaft bekannt war und es überall Wegweiser gäbe. Doch weit gefehlt! Es war 11 Uhr und unsere Hoffnung schwand dahin. Da sahen wir plötzlich das Dorfschild Wigratzbad und fünf Minuten später standen wir auf dem Parkplatz!

Was dann geschah, das hat sicher der Schutzengel so eingefädelt: Aus uns unbekannten Gründen begann die Heilige Messe mit Verspätung, just in dem Augenblick, als wir in die Kirche eintraten. Seit diesem Augenblick sind meine Eltern überzeugt, dass der heilige Schutzengel mit uns immer zur rechten Zeit am richtigen Ort ist!

Pia G.

«Sei nett zu George!»

Am 15. Juli 2018, nach dem Besuch der Heiligen Messe, kam ich nach Hause und wollte das Mittagessen für meinen Mann Marino vorbereiten. Da es Sonntag war, wollte ich die Nachbarn nicht stören und rief seinen Namen über den Garten hinweg. Ich fragte ihn, ob er zum Mittagessen Tortilla essen wolle. Als ich auf der Metallrampe, die wir für den Rasenmäher auf den Boden legen, hinunterging, rutschte ich aus und fiel mit meinen Sandalen und dem Sonntagskleid auf den Rücken.

Ich rief sofort nach Marino und unseren Nachbarn, die mir entgegeneilten, und schilderte Marino, dass ich von meinem Körper praktisch nichts mehr spürte – an den Beinen war ich wie gelähmt! Meine Schulter schmerzte, da ich auf die Seite gefallen war. Ich hatte einen Schock; meine Nachbarin holte rasch ein Kissen, um es mir unter den Kopf zu legen. Sogleich rief Marino die Ambulanz an.

Als die Sanitäter anrückten, legten sie mich behutsam auf eine Tragbahre und fragten mich, ob ich die Beine noch spüre. Daraufhin gaben sie mir eine Spritze und ich verlor das Bewusstsein.

Berstungsfraktur des dritten Brustwirbelkörpers

In der Notfallaufnahme kam ich wieder zu Bewusstsein und wurde zum Röntgen, zum MRI, zum PT-Scan und weiteren Untersuchungen geschickt, um zu prüfen, wie erheblich die Verletzung war. Von Kopf bis Fuß wurde alles untersucht.

Schließlich wurde ich eingegipst und mir wurde folgende Diagnose mitgeteilt: Berstungsfraktur im dritten Brustwirbelkörper mit Spinalkanalverlegung von 50%. Da ich zuvor ein blutverdünnendes Medikament eingenommen hatte, musste ich ein paar Tage warten, bevor sie mich operieren konnten.

Keine Garantie auf Erfolg

Der Chefarzt der Orthopädie und Traumatologie PD Dr. med. Hans-Heinrich Trouillier teilte Marino und mir mit, dass ich noch ein paar Tage warten müsse, da ich sonst starke innere Blutungen haben würde. Wir wurden auch darüber informiert, dass es keine Garantie für einen Operationserfolg gäbe. Und wenn mein Körper das Titan, das sie auf beiden Seiten meines Rückenmarks befestigen würden, nicht akzeptieren würde, müssten sie mich wieder aufschneiden.

Ich betete ständig, dass, was auch immer der Arzt vorhatte, es keine Komplikationen geben würde. Vom Gebet zahlreicher Priester und Laien, Heiligen Messen und Besuchen von Priestern unterstützt, fand am 19. Juli 2018 die große Operation statt. Nach zehn Stunden, die ich im Operationssaal verbracht hatte, wurde ich auf die Intensivstation gebracht und blieb dort vier Tage lang, bis ich außer Lebensgefahr war.

Er stach in meine Zehen

Ich wurde in ein Krankenzimmer gebracht und von diesem Tag an war das wichtigste Anliegen der Ärzte zu wissen, ob ich das Gefühl bis zu den Zehen wieder zurückerlangt hatte. Sie kamen drei- bis viermal am Tag und auch am Abend, um mich zu untersuchen. Nach ein paar Tagen kontrollierte Prof. Trouillier wieder.

Er stach mit einer Nadel in meine Zehen und zum Glück reagierte ich! Prof. Trouillier sagte mir, dass ich enormes Glück gehabt hätte, dass ich bei meinem Sturz auf meinen Engel gefallen war (dem ich den Namen George gegeben hatte). Ohne George wäre ich von der Brust abwärts gelähmt gewesen. Prof. Trouillier erklärte seinen Assistenzärzten, was im schlimmsten Fall hätte passieren können, wenn ich George nicht gehabt hätte, um mich aufzufangen.

Während meines langsamen Heilungsprozesses kam es zu schweren Komplikationen, da ich gesundheitliche Probleme mit meinem Herzen und meiner Lunge habe. Sowohl die Leiter der orthopädischen als auch der internistischen Abteilung beobachteten ständig meine Fortschritte. Nach vier Wochen Spitalaufenthalt wurde ich in die Rehabilitationsklinik Rheinfelden geschickt, wo ich weitere vier Wochen damit verbrachte, wieder zu lernen, meinen Körper zu bewegen und zu gehen.

Ein leerer Stuhl für Jesus und Maria

Es waren insgesamt acht Wochen, in denen ich wie in einem Albtraum lebte, aber ich hatte nie Angst verspürt. In der Nähe des Fensters stand immer ein leerer Stuhl und ich stellte mir vor, dass Jesus oder Mama Maria dort waren und mich beobachteten. Manchmal sagte ich: «Kommt, schlaft bei mir und leistet mir Gesellschaft.» Wenn ich das meinen Familienangehörigen erzählt hätte, hätten sie gedacht, ich sei verrückt geworden.

Doch Jesus und Maria und mein Schutzengel begleiteten mich überallhin. Je weiter die Zeit fortschritt, desto stärker wurde ich. Ich hatte auch Freunde, die mich aus den USA und aus den Philippinen besuchten, was mir ebenfalls guttat. Mein Mann sagt jeweils, ich sei eine starke Frau, aber ich sage: «Nein, Gott ist mit mir!»

«Wenn Sie nicht auf Ihren Schutzengel gefallen wären …»

Seit 2019 bis jetzt lebe ich ein normales Leben, zwar immer noch mit vielen Schmerzen, aber das hält mich nicht davon ab, Golf zu spielen. Was mich aufhorchen ließ, war der Satz von Prof. Trouillier: «Wenn Sie nicht auf Ihren Schutzengel gefallen wären, wären Sie gelähmt.»

Ich gehe immer noch zu meinem Prof. Trouillier und bei jedem Besuch sagt er: «Sei nett zu George», woraufhin ich ihm antworte, vielleicht sollte ich auch seinem Schutzengel einen Namen geben.

Celine Buser

Mein Schutzengel weckte mich

Im Jahr 2013 war meine Großmutter mütterlicherseits alt und krank und wir dachten, sie könnte jeden Moment sterben. Ich lebte im selben Land, aber in einer anderen Stadt, 45 Flugminuten von meiner Großmutter und anderen Familienmitgliedern entfernt. Meine Großmutter lag im Krankenhaus und meine Tante und mein Onkel begleiteten sie abwechslungsweise. Eines Nachts wurde ich von meinem Schutzengel geweckt, der mit einer sehr sanften und liebevollen Stimme meinen Namen rief; ich setzte mich im Bett auf, sah eine Art Wolke aus farbigen Lichtern und begann sozusagen einen wortlosen Dialog von Herz zu Herz mit meinem Schutzengel, der mir mitteilte, dass meine Großmutter im Sterben liege.

Ich dachte sofort, dass ich meine Mutter anrufen sollte, damit sie sie begleite, aber er versicherte mir, dass das nicht nötig sei, dass es meiner Großmutter gut ginge und dass ich nur für sie beten und sie im Gebet begleiten solle. Trotz dieser Nachricht schenkte mir mein Engel eine unbeschreibliche Freude und tiefen Frieden. Ich erinnere mich, dass ich für meine Großmutter betete und wieder eingeschlafen bin, sehr glücklich und ruhig. Als ich aufwachte, sah ich, dass meine Schwester mir eine Nachricht geschrieben hatte, in der sie mir mitteilte, dass meine Großmutter an diesem Morgen verstorben war. Ich bin meinem Schutzengel unendlich dankbar, dass ich meine Großmutter in den letzten Momenten ihres Lebens im Gebet begleiten durfte.

María González

Im Elektro-Rollstuhl unterwegs

Meine cerebral gelähmte Schwester Cecilia und ich gedachten, gemeinsam einen gemütlichen Nachmittag zu verbringen. Aus dem «gemütlich» wurde jedoch nichts. Sie in ihrem elektrischen Rollstuhl und ich an ihrer Seite nahmen diesmal einen neuen Spazierweg in Angriff, entlang der Aare in Bern. Nach wenigen Metern begegnete sie bereits dem ersten Hindernis, einer kleinen Wasserrinne aus Metall, die im Waldboden eingelassen war und die sich uns quer in den Weg stellte. Meine Schwester hatte Angst, sie zu überqueren (wahrscheinlich wurde sie bereits von ihrem Schutzengel gewarnt), aber ich in meiner geistigen Taub- und Blindheit motivierte sie, einfach darüberzufahren.

Heiliger Schutzengel, hilf mir!

Wenn ich an die nächsten Sekunden denke, läuft es mir kalt den Rücken hinunter. Ein Rad verfing sich in der Wasserfurche, und obwohl ich mit aller Kraft versuchte, den Rollstuhl mit ihr festzuhalten, wurde meine Schwester mit aller Wucht links die steile Böschung zum Fluss Aare hinuntergeschleudert. Als ich hinunterschaute, sah ich meine Schwester ein paar Meter weiter gerade vor der Aare sitzen, den leeren Rollstuhl mit dem Rosenkranz daran baumelnd, und oben vor dem tiefen Abgrund einen dicken, hölzernen Querbalken. «Wie geht es dir?», rief ich meiner Schwester zu. «Gut, alles in Ordnung», entgegnete sie.

Sobald wie möglich griff jemand vom nahestehenden Restaurant zum Telefon. Meine Schwester erinnert sich noch heute, dass sie eine Entenfamilie vorbeischwimmen sah, während sie auf Hilfe wartete. Bald kamen Polizei, Feuerwehr und Sanitäter angefahren. Zuerst fragte die Polizei nach unseren Namen und dem Hergang des Unfalls.

Nachdem die Feuerwehr den querliegenden Ast zersägt hatte, unter dem meine Schwester wahrscheinlich durchgerollt war (ohne ihre Brille zu verlieren, die immer noch unbeschädigt auf ihrer Nase saß!), konnten die Sanitäter meine Schwester mit einem Tragetuch heraufziehen. Danach wurde sie von den Sanitätern untersucht.

Außer dass sie und ihr Rollstuhl ziemlich dreckig waren, fehlte ihr nichts. Ich weiß nicht, wie sie an die Aare hinunter gelangt war, ich weiß nur, dass sie mir sagte: «Als sich das Rad des Rollstuhls in der Wasserrinne verfing, betete ich zu meinem Schutzengel: ‚Heiliger Schutzengel, hilf mir!'» Ich dankte Gott, der Muttergottes und dem Schutzengel für diese Rettung und versuche seither, bewusster auf die Eingebungen des Schutzengels zu hören, statt meinen Kopf durchzusetzen.

Pia Bühler

Als hätte mir jemand
in die Ohren getrommelt

Wie gewöhnlich betete ich nachts. Ich bat meinen Schutzengel, mich aufzuwecken, falls ich es nicht schaffen würde. Eines Nachts war ich besonders müde, und als der Wecker klingelte, stellte ich ihn ab und schlief erneut ein. Doch ein paar Minuten später wachte ich auf, aufgeschreckt durch einen Lärm, als hätte jemand einen Teller und einen Löffel genommen und mir damit in die Ohren getrommelt.

Ich dachte sogar, es wären meine Kinder, aber sie schliefen alle und mein Mann nebenan schlief auch. Alles war sehr ruhig. Dann verstand ich, dass es mein Schutzengel war, der mich aufforderte, aufzustehen und zu beten. Ich werde nie müde, zu meinem Schutzengel zu beten. Wir merken es nicht, aber die Schutzengel sind immer bei uns, führen und beschützen uns. Danke, Herr, für unsere Schutzengel.

Hier ist ein schönes Gebet von Jean Pliya zu den Schutzengeln, das ich gewöhnlich bete:

Gebet zum Schutzengel und Gesandten

*Mein Schutzengel, mein Begleiter des Lichts, Ehre sei Gott,
der dich mir anvertraute, um mir seine Güte zu offenbaren,
seine Barmherzigkeit und seine Liebe. Lass mich den Willen
und die Entscheidungen Gottes erkennen. Hilf mir, sie
anzunehmen und sie unter allen Umständen zu erfüllen.*

*Heiliger Schutzengel, ich danke dir für deine Gegenwart
an meiner Seite. Du gehst vor mir her, um mich zu
beschützen, um mich zu leiten und zu führen im Auftrag,
den Gott mir anvertraut hat. Kämpfe mit mir und verteidige
mich gegen die Angriffe des Satans, in der Versuchung
gegen den Glauben, die Heiligkeit und
die Hingabe an die göttliche Vorsehung.*

*Mach mich wachsam. Bewahre mich vor den
ungeordneten Einbildungen meiner Sinnlichkeit,
den trügerischen Täuschungen des Teufels, der den Irrtum
als Wahrheit, das Böse als gut darstellt.
Heiliger Schutzengel, erleuchte mich und gib mir deine
Ergebenheit vor allen Ereignissen meines Lebens.*

*Sei mir wohlwollend und unterstütze mich in meinen
Aktivitäten, besonders in jenen des heutigen Tages.
Ich preise den Herrn für alle Menschen, die er
auf meinen Weg stellt, und besonders für …
(nennen Sie den Namen der
Person, die Sie treffen werden,
die mit Ihrer Situation zu tun hat).*

Ich bitte dich, mein heiliger Schutzengel, gehe zu seinem/ihrem Schutzengel, und ihr beide, legt bitte Fürsprache für mich ein, damit in dieser Angelegenheit, die mich und die andere Person betrifft, die Herrlichkeit Gottes und seine Vorsehung voll zur Geltung kommen.

Deshalb, mein heiliger Schutzengel, flüstere mir gute Inspirationen und förderliche Ideen ein, die zum Sieg im Namen Jesu Christi führen. Amen.[4]

Fulvie Guinikoukou

---

4 Vgl. Dix étapes de grâce et de bonheur: Prières pour expérimenter la présence, la bénédiction et la puissance de Dieu, 4 juin 2010, Jean Pliya.

«Ist das recht so?»

Mitten in der Coronazeit musste ich per Flugzeug zurück an meinen Wohn- und Arbeitsort im Ausland reisen. Nach der Flugreise wartete eine dreistündige Busfahrt und danach ein einstündiger Fußmarsch mit Handgepäck/kleinem Koffer in der Dunkelheit auf mich, bis ich mein Zuhause erreichen würde.

Wegen der Coronakrise gab es für mich an diesem Tag nur zwei mögliche Busse. Den ersten am Morgen würde ich gerade verpassen, so dachte ich, denn er fuhr 20 Minuten nach Ankunft des Flugzeugs ab. Auf den anderen würde ich siebeneinhalb Stunden warten müssen. Da es unmöglich war, dass ich den ersten Bus erwischen würde, hatte ich bereits einen Sitz auf dem späteren Bus gebucht und die Fahrkarte gekauft.

Sieben Stunden in der Kälte – unmöglich!

Nach der zeitraubenden Zollkontrolle und Überprüfung meiner Einreiseformulare erreichte ich die Ankunftshalle. Ein eisiger, schneidender Wind wehte mir dort entgegen, es war bitterkalt und wegen der Coronasituation war nur ein einziges Café offen, und dies nur mit Sitzgelegenheiten draußen in der Kälte. Ich dachte mit Horror daran, wie ich die nächsten sieben Stunden verbringen würde, nämlich in der kalten Ankunftshalle, und sagte mit größter Vehemenz: «Schutzengel, jetzt musst du mir helfen. Ich muss unbedingt den früheren Bus erwischen!»

So rannte ich also zur Busstation, der Bus war noch da! Ich hatte aber noch ein ganz anderes beträchtliches Problem, da ich eine mehrstündige Busreise vor mir hatte und allerdringendst auf die Toilette musste. Wer schon mal mit voller Blase stundenlang in einem Bus gesessen hat, weiß, dass dies eine richtige Tortur ist. Der Bus würde jedoch in 30 Sekunden abfahren und im Bus gab es auch keine Toiletten.

Toilettenpause und Fahrt bis kurz vors Haus

Kaum hatte ich trotzdem im Bus Platz genommen – der Gedanke an sieben Stunden Warten in klirrender Kälte war einfach zu unerträglich –, als der nach mir kommende Passagier dem Buschauffeur sagte, er habe leider kein Bargeld und könne nur mit Karte zahlen. Der Busfahrer verneinte; es sei nicht möglich, mit Karte zu bezahlen, sagte aber, man könne ja in einer halben Stunde eine Toilettenpause machen, und der Passagier könne dann an diesem Ort Geld aus dem Automaten holen. So war dieses Problem auch für mich gelöst!

Als ich den Busfahrer darüber informierte, bei welcher Bushaltestelle ich aussteigen musste, meinte er, das ginge zum jetzigen Zeitpunkt nicht, die Straße sei gesperrt ... aber er könne mich ja nachher bei meinem Wohnort aussteigen lassen, ausnahmsweise. (Wohlgemerkt, dies ist eine öffentliche, staatliche Busgesellschaft!) Der Busfahrer stoppte den Bus also ein paar Gehminuten von meinem Zuhause entfernt, um mich aussteigen zu lassen.

Das hast du ausgezeichnet gemacht!

Als ich ausstieg, sagte der Busfahrer zu mir: «Ist das recht so?» Ja sicher war das recht! Ich hatte also nicht nur den Bus noch erwischt und musste keine sieben Stunden in der Kälte warten, ich bekam auch eine außerordentliche Toilettenpause und wurde zudem noch praktisch vor meinem Zuhause abgeladen, was mir einen einstündigen mühsamen Marsch mit Gepäck ersparte.

Laut erwiderte ich dem Busfahrer: «Ja, ganz herzlichen Dank, das ist super so.» Mir schien es jedoch, als hätte der Schutzengel direkt zu mir gesprochen, und ich sagte in Gedanken: «Ja, lieber Schutzengel, das ist recht so, das ist nicht nur recht so, das hast du ganz ausgezeichnet gemacht!» Statt um 22 Uhr nachts war ich bereits um 16 Uhr zuhause.

Isabella Maria

Der Schutzengel lässt absichtlich Missgeschicke zu

Ich rede jeden Tag mehrmals mit dem Schutzengel und wenn er auch nicht direkt Antwort gibt, so weiß ich doch, dass er immer bei mir ist und mir zuhört. Ich beanspruche sehr oft seine Hilfe. Eine spektakuläre Geschichte habe ich allerdings nicht. Es sind viele kleine Geschichten.

Ich bin ein nervöser und manchmal auch ein verunsicherter Autofahrer. Auf der Autobahn fühle ich mich immer bei den Ein- uns Ausfahrten verunsichert, bin immer froh, wenn da nicht gleich ein Auto von der Einfahrt auf die Autobahn einspuren will, wenn ich daran vorbeifahre. Interessant ist, seit ich jedes Mal kurz davor denke «Schutzengel hilf», ist da weit und breit kein Auto mehr zu sehen.

Vorher war es so, dass ausgerechnet in diesem Augenblick ein Auto einspuren wollte. Wenn ich aber einmal im Stress vielleicht vergesse, an den Schutzengel zu denken, dann herrscht prompt wieder die alte Situation. Es ist auch so, dass der Schutzengel absichtlich Missgeschicke und sogar Unfälle zulässt. Umso mehr hilft er aber danach.

Er hilft mir gleich aus der Patsche

Einem Postzusteller wie mir passieren manchmal Pannen mit dem Fahrzeug bei der Zustellung. Wenn man den Schutzengel zu Hilfe ruft, löst sich danach

alles von allein. Ich hatte letztes Jahr auch einen un-
verschuldeten Autounfall, der Schutzengel hat alles
gelöst. Innerhalb von wenigen Tagen bekam ich ein
neues Auto und viel Geld von der Versicherung des
Unfallverursachers. Ich wollte das nächste Jahr sowieso
das Auto wechseln.

Er hat also einen Vorteil daraus gemacht. Man
könnte dem Schutzengel ja vorwerfen, warum hat
er denn nicht gleich den Unfall verhindert, aber ich
denke, das geschieht so, damit wir an ihn denken und
ihn zu Hilfe rufen.

Oder wenn man etwas zu verheimlichen versucht,
was man eigentlich sagen müsste, ist es bei mir schon
vorgekommen, dass der Schutzengel es offenbart, damit
die Wahrheit an den Tag kommt. Er lässt mich aber
nicht im Stich und hilft mir dann gleich wieder aus der
Patsche. Ich danke ihm jetzt schon und besonders am
Tage des Gerichts dafür.

Michael Amstad

Beim Genuss vom Höchsten Gut bring mir Jesu Fleisch und Blut

Normalerweise besuchte ich, wenn immer möglich, mittwochs um 14.30 Uhr die Heilige Messe. Damals arbeitete ich noch als Stationsschwester auf der medizinischen Bettenstation eines Stadtkrankenhauses. Da ich am Nachmittag an einer dieser ungeliebten Sitzungen teilnehmen musste, betete ich schon in der Frühe wie gewohnt folgendes Gebet:

Heiliger Schutzengel mein
geh für mich in die Kirch hinein.
Knie dich hin an meinen Ort,
hör die Heil'ge Messe dort.

Bei der Opf'rung bring mich dar
Gott zum Dienste ganz und gar.
Was ich hab und was ich bin,
leg als Opfergabe hin.

Bei der heil'gen Wandlung dann
bet' mit Seraphs-Inbrunst an
unsern Heiland Jesus Christ,
der wahrhaft zugegen ist.

Bet für die, so mich geliebt,
bet für die, so mich betrübt.
Denk auch der Verstorb'nen mein.
Jesu Blut wasch alle rein.

Beim Genuss vom Höchsten Gut
bring mir Jesu Fleisch und Blut
und im Geist mich ihm verein,
lass mein Herz ein Tempel sein.

Fleh, dass allen Menschen Heil
aus dem Opfer wird zuteil.
Ist die Heil'ge Messe aus,
bring den Segen mir nach Haus.
Amen.

Aber an jenem Morgen zweifelte ich zum ersten Mal an der Umsetzung meiner Bitte durch den Schutzengel. Am Nachmittag saßen wir also in der Sitzung und diskutierten angeregt. Mitten im Gespräch wurde ich von einem unsagbaren strahlenden Licht erfüllt, eine tiefe Freude durchströmte mich und dazu kam der Gedanke: Jetzt hat mir mein Schutzengel die heilige Kommunion – den Heiland – gebracht. Ich schaute auf die Uhr: Tatsächlich war es genau 15 Uhr.

Ich bat den Schutzengel, mich jeweils zu rufen

Seit dieser Stunde habe ich ein uneingeschränktes Vertrauen zur Hilfe meines Schutzengels. Wie oft hatte ich vorher Ängste ausgestanden, bevor ich zum Nachtdienst aufbrach, um für 45 Patienten zu sorgen, zusammen mit nur einer Hilfskraft – für Sterbende, Schwerkranke mit Komplikationen, Verwirrte etc. Ich bat meinen Schutzengel immer, sich mit den Schutzengeln meiner zu Betreuenden zu verbinden und mich zu rufen, wo ich gebraucht würde, oder mir Ruhe und Gelassenheit zu schenken, damit die Patienten eine gute und ruhige Nacht erleben und sich erholen konnten.

Seit jenem Tag starb während meines Dienstes nur einmal eine Frau, ohne dass ich bei ihr war. Alle anderen Patienten, welche auf meiner Schicht gestorben sind, waren nicht allein und ich konnte noch einige zu den Sakramenten führen, bevor sie diese Welt verließen.

Wir müssen den letzten Gang nicht allein gehen

Nie mehr musste ich bangen vor der großen Verantwortung. Ich wusste: Mein Schutzengel war da! Und die Schutzengel der Patienten auch! Heute weiß ich auch, wenn wir einmal abberufen werden und uns auf unseren letzten Weg begeben, «den jeder allein gehen muss», dann ist der Moment gekommen, in dem uns unser Schutzengel an der Hand nehmen wird, um uns hinüberzuführen.

Wir werden unseren schwierigsten Gang, unseren letzten Schritt, nicht allein gehen müssen! Auch wenn wir unsere Lieben im Hier zurücklassen. Als diesen Sommer mein Nachbar im Sterben lag und seine Frau ihn nicht gehen lassen konnte, erzählte ich ihr auch davon. Ich glaube, das hat ihr geholfen, sich zu lösen, und sie getröstet.

«Der Schutzengel ist mein geheimer Spickzettel»

Auch meine Tochter Anna empfahl ich immer wieder unseren Schutzengeln und lehrte sie schon sehr früh, sich seiner Nähe und Aufgabe im Auftrag des Herrn an uns bewusst zu sein. Neben der Aufgabe, uns zu schützen und zu lenken, sei er auch immer mit uns; und wenn wir lernen und Prüfungen zu meistern hätten, erst recht!

Heute ist sie im Gymnasium und sagt mir oft, bei der Prüfung habe ihr der Schutzengel wieder geholfen. Er lasse sie noch Flüchtigkeitsfehler finden, helfe ihr bei Blackouts oder Unsicherheiten. Diese Gewissheit stärkt ihr Vertrauen und lässt sie die vielen Prüfungen gelassener und ruhiger ablegen. Manchmal sagt sie auch: «Der Schutzengel ist mein geheimer Spickzettel.»

Ich bin sehr dankbar für diese Erkenntnisse durch die wunderbare Erfahrung, die ich vor zirka 35 Jahren gemacht habe, als der Schutzengel mir die heilige Kommunion spürbar gebracht hat! Ich habe mich damals an Exerzitientagen ganz bewusst meinem Schutzengel geweiht. Wahrscheinlich dankte er es mir dadurch, dass er für mich wahrnehmbar wurde. Ich freue mich darauf, ihn einst zu sehen und ihn mit seinem Namen zu grüßen und ihn in großer Dankbarkeit umarmen zu können. Werden wir wohl auch durch die Ewigkeit miteinander unterwegs sein?

Agnes Eilinger-Weibel

Es geschah in Manchester

Lizzie (Elizabeth) hatte sich mit ihrer guten Freundin Helen, die sie allmählich an das christliche Leben heranführen wollte, ausführlich über religiöse Dinge unterhalten. Mit einem Hauch von Skepsis hörte Helen zu, was ihre Freundin ihr über Gott, die göttliche Vorsehung und das Wirken der Engel in unserem Leben erzählte. Dieser letzte Punkt – die Anwesenheit und das Wirken der Wächter – war besonders neu für sie: etwas, das sie noch nie zuvor gehört hatte, und sie fragte sich, was an dem Ganzen dran war.

Am selben Tag kommt Helen nach Einbruch der Dunkelheit von einem Fest. Sie würde gern ein Taxi nach Hause nehmen, aber sie hat nicht genug Geld, also bleibt ihr nichts anderes übrig, als zu Fuß zu gehen. Als sie die John Dalton Street hinuntergeht, bemerkt sie die Anwesenheit eines sehr furchterregenden Mannes.

Sie ist allein in der Dunkelheit, ein paar Schritte von ihm entfernt, und sie hat das Gefühl, dass der Mann sie angreifen wird. Sie spürt einen ungeheuren Schrecken, und in diesem Moment kommt ihr das Gespräch mit ihrer Freundin Lizzie in den Sinn: «Das ist deine Chance», sagt sie innerlich zu ihrem Schutzengel, «wenn es dich gibt, dann hol mich aus dieser Gefahr heraus.» Seltsamerweise schaut der Mann, der bereits auf ihrer Höhe ist, ihr ins Gesicht, tut nichts und setzt seinen Weg fort.

Mord in der John Dalton Street

Am nächsten Tag liest Helen in den Zeitungen von Manchester die Nachricht vom Mord an einer jungen Frau in der John Dalton Street, kurz nachdem sie dort war. Sie geht zur Polizeiwache, wo bereits ein Verdächtiger verhaftet wurde. Als sie zu einer Gegenüberstellung eingeladen wird, erkennt sie sofort den Mann, der ihr kurz vor der Tat über den Weg gelaufen ist und nun als mutmaßlicher Mörder auf der Anklagebank sitzen wird. Während der Verhandlung bittet Helen den Richter um die Erlaubnis, ein kurzes Gespräch mit dem Mann führen zu dürfen. Nachdem sie die Erlaubnis erhalten hat, stellt sie ihn zur Rede:

«Erkennen Sie mich?»

«Ja, ich erinnere mich sehr gut an Sie aus der John Dalton Street.»

«Warum haben Sie mich nicht angegriffen?»

«Wie könnte ich, mit diesen zwei Kerlen neben Ihnen!»

Anmerkung der Herausgeberin
von «Nuevas anécdotas y virtudes»:
Die Details dieser historischen Begebenheit verdanke ich einer
Freundin von Lizzie, Sarah von Nordwall, der ich für die
Informationen zu Dank verpflichtet bin.[5]

---

5 Vgl. Nuevas anécdotas y virtudes, 1 febrero 1995, Julio Eugui Hermoso De Mendoza (Autor)

Eine Pilgerfahrt mit Hindernissen

Es war bald nach 1984, als wir uns einer Pilgergruppe aus Siebenhirten nach Medjugorje anschlossen. Nach tiefer Ergriffenheit, Pater Slavko und Pater Zovko in diesem Gnadenort der Gottesmutter erlebt zu haben, wollten wir noch einmal dorthin und entschlossen uns, nächstens wieder, aber mit dem eigenen Auto zu fahren. Unsere Fahrt fiel noch in die Zeit vor dem Jugoslawienkrieg.

Da saß ich zwei Tage vor unserer Abreise im Büro und führte ein Telefonat mit dem Schwiegervater meines Sohnes. «Ich habe gehört, ihr fahrt mit dem Auto; es ist doch ziemlich neu. Ich würde dir schon raten, eine Versicherung abzuschließen.» «Ach, glaubst du? Wir fahren ja schon in zwei Tagen! Ich kann es ja noch über unseren Versicherungsvertreter der Firma versuchen, ich habe öfter mit ihm zu tun!» Gesagt, getan; schon am nächsten Tag hatte ich eine Versicherungsbestätigung in der Hand.

Beim Auto stimmt etwas nicht

Am Tag der Abreise nahmen wir noch eine Dame, die zu einem Arztbesuch in Wien war, nach Graz mit und kamen dadurch erst gegen Abend bei Leibnitz über die Grenze. Als es schon dunkel wurde, wies man uns etwa 100 km nach Zagreb zu einem Quartier nach Kutina, einem alten Hotel. Nach dem Frühstück wurden wir informiert, dass bei unserem Auto etwas nicht stimme. Man sprach von Polizei und ich dachte an ein Strafmandat.

St. Raphael, der Spezialist für die Reisenden

Nein, bei unserem Auto fehlte ein Reifen. Nachts war er von irgendwelchen Banditen abmontiert worden. Man telefonierte nach Zagreb, wo es angeblich mehrere VW-Werkstätten gibt, die jedoch an Samstagen geschlossen hatten. Auf Anraten des Hotelchefs ließ er mich mein Notrad montieren, sodass wir zu einer nahen Werkstätte fahren konnten. Allerdings sah ich dort wenig Brauchbares. Ich betete nicht nur zu meinem Schutzengel, sondern auch zu St. Raphael, der sich schon im Buch Tobit im Alten Testament als verlässlicher Helfer der Reisenden empfohlen hatte.

Nach der Begutachtung durch den Werkstattchef, ließ er mich etwas warten und verließ das Areal. Ich hatte 30.000 Dinare im Auto versteckt, die ich mir in der Zwischenzeit besorgte. Es dauerte keine halbe Stunde, bis er mit einem neuen Reifen in der Größe, die ich brauchte, zurückkam.

«Felge nix, Reifen gut, passt!» Da war ich aber erstaunt. Er machte alles komplett und stellte mir die Rechnung aus: Reifen 21.000.- plus Felge 8.000.- plus Montage 1.000.-, macht total 30.000.- Dinare.

Diese hatte ich in der Hand. Der Rechnungsbetrag war wohl eine wundersame Fügung.

Die rasche Besorgung in diesem vernachlässigten Ort war mir vorerst als Wunder erschienen. Erst später ging mir dann ein Licht auf. Der gute Mann hatte mir meinen eigenen Reifen verkauft. Das wunderbare Eingreifen der Engel bestand nicht darin, dass die Polizei den Täter erwischt hat und ich wieder zu meinem Eigentum kam. Engel arbeiten meistens durch Zweitursachen. Durch den guten Rat, den ich schon vor der Reise erhalten hatte, habe ich von der Versicherung alles ohne Abstriche ausbezahlt bekommen. «Mein Engel wird vor dir herziehen ...» (Mt 4,6).

Erhard Schmidl

Die hl. Franziska Romana
(† 9.3.1440) und ihre drei Schutzengel

Jene Heilige, die wohl am sinnfälligsten und in wirklich außerordentlicher Weise vertrauten Umgang mit den heiligen Engeln hatte und dadurch bekannt geworden ist, war Franziska Romana, die 1384 in Rom als Kind des Adelsgeschlechts der Busci (Bussi), das mit den einflussreichen Familien der Orsini, Savelli und Mellini verwandt war, geboren wurde. Ihr von vertrautem Verkehr mit den heiligen Engeln geprägtes Leben ist zweimal biografisch festgehalten worden, nämlich von ihrem langjährigen Beichtvater, dem Olivetaner-Ordenspriester Johannes Mattiotti, und von ihrer Mitschwester Maria Magdalena Anguillaria.[6]

Drei verschiedene Schutzengel

Der vertraute Verkehr der hl. Franziska Romana mit Engeln hat das Eigentümliche an sich, «dass ihr in drei verschiedenen Abschnitten ihres Lebens drei verschiedene Schutzengel gegeben wurden, wobei der erste aus dem Chor der Engel, der zweite aus dem Chor der Erzengel, der dritte aus dem Chor der Mächte war, wie der Heiligen geoffenbart wurde».[7]

---

6 Beide Biografien über Franziska sind im lateinischen Urtext abgedruckt in den Acta Sanctorum Martii II zum 9. März.

7 Vgl. Chr. Pesch, Die heiligen Schutzengel (Freiburg i. Br. 1917), S. 169.

Schon im Alter von elf Jahren entschloss sich Franziska zum Ordensleben und übte in vieler Hinsicht Werke der Buße und der Abtötung. Ihr Vater aber erklärte ihr, er habe sie dem jungen Adeligen Lorenzo de Ponziani zur Ehe versprochen. Der darüber bitter Enttäuschten riet der Beichtvater, den Willen des Vaters, sie zu vermählen, als Willen Gottes zu bejahen. Sie tat es im Gehorsam gegen Gott und ihren Schutzengel.

Die drei verschiedenen himmlischen Gefährten, die ihr in ihrem Leben in drei verschiedenen Abschnitten zur Seite gestellt wurden, hatten nicht bloß die Aufgabe, Franziska zu schützen und zu verteidigen, sondern auch ihr inneres Leben stufenweise zur Vollendung zu führen. Man kann diese drei Engel Franziskas mit den drei Stufen des geistlichen Lebens, dem Weg der Reinigung, der Erleuchtung und der Einigung in Verbindung bringen.[8]

Der erste Schutzengel – ein Freund und Zuchtmeister

Franziskas erster Schutzengel gehörte dem untersten Chor der Engel an. Sie sah diesen nicht, wie die späteren, ständig neben sich, aber «sie nahm seine Gegenwart an unzweideutigen Zeichen wahr und stand in innigem Verkehr mit ihm. Er war … nicht nur ein liebevoller Freund und Berater, sondern auch ein strenger Zucht-

8 Vgl. die guten Ausführungen in der maschinenschriftlichen Diplomarbeit des Mag. N. Reichsöllner: Die Engel und die Askese. Die Beziehung zwischen den Engeln und der Askese des Menschen, gezeigt am Leben der hl. Franziska Romana (Salzburg 1982).

meister, der ihre Fehler sogar mit körperlichen Strafen ahndete».[9] Denn er schlug sie mit unsichtbarer Hand bei nur geringen Fehlern oder nachlässigen Gedanken und «schonte sie sogar in Gegenwart anderer nicht».[10] Sogar während der Beichte Franziskas war er spürbar mit seiner reinigenden Aufgabe anwesend.[11]

«Solche Züchtigungen, die in der ersten Lebensperiode der hl. Franziska etwas Gewöhnliches waren, mögen auf den ersten Blick überraschen; sie verlieren aber alles Auffallende, wenn man bedenkt, welche Reinheit Gott von solchen Seelen verlangt, die Er zu besonderer Heiligkeit bestimmt hat. Franziskas Engel war der von Gott bestellte Künstler, der mit scharfem Meißel aus ihrer Seele allmählich jenes Bild hervorbrachte, das sie Christus, dem einzig Heiligen, ähnlich machte.»[12]

Sie erkannte in der Ehe den Willen Gottes

Franziska wohnte mit ihrem Gemahl Lorenzo im Palazzo Ponziani, nicht weit von Santa Cecilia in Trastevere in Rom. Vannozza, die Gemahlin von Lorenzos älterem Bruder, traf eines Tages Franziska bitterlich weinend an. Als diese ihr gestand, dass nicht die Ehe, sondern das Ordensleben ihr Ideal gewesen wäre, bekannte ihr die Schwägerin, dass auch sie den gleichen

---

9 Chr. Pesch, a.a.O., S. 169.

10 Vgl. Christian Stelzer, Das Leben der hl. Franziska Romana (Mainz 1888), S. 56.

11 Vgl. M. M. Anguillaria, Vita s. Franciscae § 20, S. 179.

12 Vgl. Chr. Stelzer, a.a.O., S. 57.

Wunsch habe begraben müssen. Daraufhin entstand zwischen beiden Frauen eine innige Freundschaft. So kam es, dass neben dem Schutzengel Franziskas auch ihre Schwägerin Vannozza dazu beitrug, dass sie den Weg der Ehe, der Hausfrau und Mutter nicht mehr verabscheute, sondern gerade durch diese Lebensform ihren Weg zu Gott immer fester zu gehen begann.

Im Ordensbrevier der Olivetaner heißt es von Franziska: «Sie hörte nicht mehr auf, in ihrer Ehe auf das bedacht zu sein, was Gottes war, so dass sie Gott in ihrem Mann und ihrem Mann in Gott gefiel.»[13] Ihr Schutzengel führte Franziska so, dass sie jede Abscheu vor der Ehe und der geschlechtlichen Hingabe ablegte und die gottgewollte sakramentale Verbindung sehr bewusst lebte, wenngleich es für Franziska immer ein Opfer blieb, wenn sie sich ihrem Mann zur Erfüllung der ehelichen Pflichten hingeben musste.[14]

Sechs Kinder

Der Ehe Franziskas mit Lorenzo de Ponziani entstammten sechs Kinder, von denen drei bald nach der Geburt starben. Die drei namentlich bekannten Kinder sind 1. Battista, der 1400 geboren wurde und als einziges Kind die Eltern überlebte; 2. Evangelista, der nur neun Jahre alt wurde, und 3. Agnes, die schon mit fünf Jahren starb. Franziska ernährte ihre Kinder – wie ihr Biograf Johannes Mattiotti berichtet – nicht

---

13 Vgl. W. Schamoni, Franziska von Rom, in: P. Manns: Reformer der Kirche (Mainz 1970), S. 743.

14 Vgl. M. M. Anguillaria, a.a.O., § 28, S. 181.

nur mit Muttermilch, sondern erzog sie vor allem zur Frömmigkeit und Gottesliebe.

Drei Kinder starben früh

Dies traf ganz besonders auf ihren zweiten Sohn Evangelista zu, «den ich mit Recht einen ‚irdischen Engel' nennen könnte, so sehr war er dem Gebet und der Gottesliebe hingegeben».[15] Er starb 1411, nachdem er seinen Tod vorausgesagt hatte, an der Pest, die damals in Rom ausgebrochen war. In seinen letzten Worten gewährte er seiner Mutter folgenden Einblick in sein Innenleben: «Erinnerst du dich, Mutter, dass ich dir immer gesagt habe: ‚Nichts in dieser Welt gefällt mir, einzig und allein das ewige Leben in der Gemeinschaft mit den Engeln ersehne ich?' Gott erfüllt nun meine Sehnsucht, denn siehe, jetzt werden wir getrennt …»[16]

Es dauerte nur etwa ein Jahr, bis Franziska auch ihre kleine Tochter Agnes hergeben musste. Um ihr dieses neue Opfer erträglich zu machen, erschien ihr vorher der verstorbene Lieblingssohn Evangelista in Begleitung eines ihm ähnlichen, aber noch viel strahlenderen Jünglings und bereitete die Mutter auf den Tod der erst fünfjährigen Agnes vor.[17] Wie Franziskas Mutterliebe, so war auch ihr Schmerz über den Verlust der beiden Kinder überaus groß, aber dieses Opfer

---

15 Vgl. M. M. Anguillaria, a.a.O., § 17, S. 177; Chr. Stelzer, a.a.O., S. 79.

16 Vgl. M. M. Anguillaria, a.a.O., § 18, S. 177; Chr. Stelzer, a.a.O., S. 90f.

17 Vgl. M. M. Anguillaria, a.a.O., § 22, S. 179.

bewirkte tieferes Eindringen in Gottes unerforschliche Pläne, nach denen die unsichtbare Welt noch tiefer und anschaulicher in Franziskas Leben eintreten sollte.

Die bisherige Vertrautheit mit ihren Kindern ging in eine besondere Vertrautheit mit den heiligen Engeln über. In jener Vision vor dem Tod ihrer Tochter Agnes hatte Franziskas verstorbener Lieblingssohn Evangelista ihr mitgeteilt: «Mutter, du sollst wissen, dass ich im zweiten Chor der ersten Hierarchie, unter den Erzengeln, weile. Ich bin diesem Jüngling, den du neben mir siehst, beigesellt. Dieser wird dich von jetzt an Tag und Nacht sichtbar beschützen und begleiten…»[18]

Der zweite Schutzengel erleuchtete sie

Dieser zweite Schutzengel Franziskas aus dem Chor der Erzengel war ihr «so zugetan, dass er ihr in menschlicher Gestalt zur Seite stand … Sein Antlitz strahlte wie die Sonne, so dass Franziska nicht in sein Gesicht schauen konnte, ohne geblendet zu werden…».[19] «Ein lichter Schimmer umkleidete seine Gestalt, und wenn Franziska auch zuweilen ihn selbst nicht sah, so war ihr doch dessen himmlischer Glanz ununterbrochen sichtbar.»[20] Der Dienst dieses zweiten Schutzengels Franziskas bestand vor allem darin, sie auf dem Weg der Erleuchtung zu führen und sie erleuchtend zu begleiten.

---

18 Vgl. M. M. Anguillaria, a.a.O., § 22, S. 177.

19 Vgl. J. Mattiotti, a.a.O., § 1, S. 103; M. M. Anguillaria, a.a.O., § 24, S. 180.

20 Vgl. Chr. Stelzer, a.a.O., S. 103.

«Sein Blick und seine Augen waren ständig zum Himmel gerichtet; diese Haltung entflammte und erhob Franziska zu Gott hin», so berichtet die Mitschwester der Heiligen.[21] Er war nach Franziskas Angaben als Subdiakon gekleidet und strahlte für sie nicht bloß sinnlich wahrnehmbar, sondern drang mit seinem Leuchten bis in ihre Seele.

Weiter heißt es in der von Maria Magdalena Anguillaria verfassten Lebensbeschreibung Franziskas[22]: «Sie durfte sich der Gegenwart dieses Engels und seines Anblicks nicht nur dann erfreuen, wenn sie in ihrer Hauskapelle betete, sondern auch wenn sie auf der Straße oder in der Kirche oder unter Leuten war. Sogar dann war es ihr gewährt, die Gestalt dieses Engels zu schauen, und sie konnte beobachten, wie dieser Engel sein Gesicht mit den Händen beschämt verhüllte, sobald jemand von den Leuten (unter denen sich Franziska befand) irgendeinen Fehltritt tat; außerdem pflegte Franziska von ihrem Engel zu berichten, dass sie in seinem Blick wie in einem klaren Spiegel sowohl die Erhabenheit der Engelnatur, als auch ihre eigene Nichtigkeit ganz deutlich erkannte. Diese Selbsterkenntnis übertraf in ganz unvergleichlicher Weise jene Kenntnis, die sie vorher von sich selbst gehabt hatte …»

---

21 Vgl. M. M. Anguillaria, a.a.O., § 25, S. 180.

22 Vgl. M. M. Anguillaria, a.a.O., § 24, S. 180; Chr. Pesch, a.a.O., S. 173; Chr. Stelzer, a.a.O., S. 105f.

Er wies ihr den Weg in ihren Verpflichtungen
als Gattin, Mutter und Hausfrau

Der langjährige Beichtvater Franziskas, Johannes Mattiotti, berichtet in seiner Biografie der Heiligen: Der zweite Schutzengel Franziskas, «der Erzengel ... strahlte in so hellem Licht, dass sie in den Nachtstunden allein mit dessen Helligkeit mühelos noch anfallende Arbeiten wie am hellen Tag verrichten konnte ...».[23] «War sie allerdings einmal wegen der vielen häuslichen Sorgen und Mühen oder wegen der Beschwerden anstrengender Besuche etwas verdrossen oder in einen Fehler gefallen, so verschwand alsbald der Engel, bis sie durch die ihr dadurch zuteilgewordene Ermahnung demütig ihre Schuld erkannte und bekannte; nachdem sie Vergebung erbeten hatte, strahlte der Engel von neuem mit lieblichem Antlitz ...»[24]

Dieser zweite Schutzengel Franziskas setzte das Amt des ersten als Zuchtmeister fort, damit die Heilige sich gehorsam in ihre Verpflichtungen als Gattin, Mutter und Hausfrau fügte. Dabei erzog er sie nicht etwa zu einer falschen «Weltfeindlichkeit», sondern – wie ihr Beichtvater berichtet – zur Erfüllung des Willens Gottes mitten in ihrer weltlichen Umgebung. «Dadurch wies er ihr den Weg einer ,gesunden' Askese, die vor allem eine Sache des Gehorsams gegen den Willen Gottes ist.»[25] Dieser zweite Schutzengel erwies sich

---

23 Vgl. J. Mattiotti, a.a.O., § 1, S. 103.

24 Vgl. M. M. Anguillaria, a.a.O., § 26, S. 180; Chr. Pesch, a.a.O., S. 173.

25 Vgl. N. Reichsöllner, a.a.O., S. 49.

für Franziska außerdem als Führer und Lehrmeister im Tugendleben, gab aber auch Acht, dass sie nicht in übertriebenem Eifer zu sinnloser Kasteiung ihres Leibes überging oder zu maßloser Aktivität im Verrichten guter Werke.[26]

Der zweite Schutzengel verteidigte sie gegen die Angriffe des Teufels

Missachtung der Ordnung Gottes im politischen und kirchlichen Bereich, wie dies damals in Rom, bedingt durch das Weilen der Päpste in Avignon, der Fall war, und die damit zusammenhängende Auflösung der sittlichen Ordnung brachten viele Menschen jener Zeit in die Knechtschaft der Sünde und des Teufels. Wie viel dabei von der dämonischen Macht spürbar wurde, erfuhr die Heilige vielfach in ihrem Leben: Versuchungen, Täuschungen, Quälereien durch böse Geister sowie Intrigen und Feindschaft von Seiten vieler Menschen waren für Franziska schmerzhafte Prüfungen. «Sie allein hätte ihnen nicht standhalten können … Deshalb gewährte ihr der gütige Gott in seiner Barmherzigkeit einen Engel, der ihr sichtbar beistand.»[27] Der Engel war bei ihr und half ihr, aber immer so, dass sie völlig frei fähig war, der Unordnung und Auflehnung standzuhalten durch Übung der richtigen Askese. Diese nahm ihr der Engel nicht ab.

---

26 Vgl. M. M. Anguillaria, a.a.O., § 26-27, S. 180; J. Mattiotti, a.a.O., § 19, S. 107.

27 Vgl. J. Mattiotti, a.a.O., § 77, S. 122.

Wohl aber half er ihr durch seine Gegenwart, ihren Blick immer auf Gott gerichtet zu halten. Der Engel war es auch, der durch bloßes Nicken des Kopfes die Dämonen zur festgesetzten Zeit von Franziska wieder vertrieb.[28]

Die Visionen von Franziska Romana

Franziska wurde aber nicht nur von Dämonen gequält, getäuscht und geprüft, sie wurde auch in Visionen in Gottes unsichtbare Welt hineingetaucht in Begleitung des sie erleuchtenden Engels. Franziskas Seelenführer Johannes Mattiotti hat in seiner Biografie der Heiligen ihren Visionen das ganze dritte Buch gewidmet und dabei geschrieben, dass auch hier «der Engel immer wieder an sie herantritt, sie tröstet und stärkt, damit sie sich nicht allzu sehr fürchte …».[29]

In einer Vision wurde Franziskas Geist «in den Himmel in den Chor der Seraphim entführt. In ihm erstrahlte eine ungeheure Liebesglut, die alle Engel entflammt, alle Geister dieses Chores und die der niedrigeren Chöre. Auch Franziskas Seele erglühte dabei in dieser Liebesglut. Und ein Seraph sprach zu ihr: ‚Die höchste Gottheit ist es, deren Licht und Liebe uns alle erglühen lässt … Gesegnete Seele, verharre im Guten! Die Liebe erwartet dich und will, dass du dich immer mehr von dir selbst lossagst. Bewahre rein dein Herz und deine Hände, strebe mit reinem Gewissen

---

28 Vgl. J. Mattiotti, a.a.O., Liber III, cap. 4.

29 Vgl. J. Mattiotti, a.a.O., § 47, S. 163.

nach dem Guten und nach Gott … Verharre in der Betrachtung der göttlichen Liebe, die auch dich in ihr Glühen hineinziehen will'».[30]

Im Licht des Erzengels «schaute Franziska auch die Seelen anderer und erkannte verborgene Herzensgeheimnisse. Eine weitere Folge war die ihr eigene überirdische Weisheit und die Fähigkeit zur Unterscheidung der Geister, eine Gabe, die ihr … in der Leitung der Seelen wunderbare Dienste leistete».[31] «So geschah es, dass sie durch die Mitwirkung mit der göttlichen Gnade viele Seelen durch ihr beispielhaftes Leben und ihre Worte aus den Banden des teuflischen Verführers befreite; ihre engelhafte Ausstrahlung erquickte alle auf wundersame Weise, ihre sanften Worte entzündeten die Anwesenden in der Liebe zu Gott.»[32]

Werke der Nächstenliebe

Von ihrem Erzengel angetrieben und geführt, sorgte Franziska für die Kranken in den Spitälern und half den Hilfesuchenden in leiblicher und geistiger Not, die sie in ihrem Haus in wachsender Anzahl aufsuchten. Zeitweise wurde Franziska von ihrem Gatten getrennt, weil dieser vom König Ladislaus von Neapel, der in Rom einmarschiert war, als Geisel gefangengenommen worden war, zur Strafe dafür, dass er die Autorität des Papstes verteidigt hatte.

---

30 Vgl. J. Mattiotti, a.a.O., § 64, S. 119; es ist die Visio XXIV vom 31. März 1432. Vgl. auch § 90, S. 126.

31 Vgl. Chr. Stelzer, a.a.O., S. 107.

32 Vgl. J. Mattiotti, a.a.O., § 9, S. 93.

In den letzten zwölf Jahren lebte Franziska mit ihrem Gatten in völlig enthaltsamer Ehe und widmete sich noch mehr als bisher dem Streben nach Heiligkeit und den Werken der Nächstenliebe. In dieser Zeit gründete sie an der Kirche Santa Maria Nuova in Rom eine Vereinigung von Oblatinnen, eine Art dritten Ordens im Anschluss an die Olivetanermönche («Compagnia delle Oblate del Monastero Olivetano di Santa Maria Nuova»). Franziska selbst trat nicht gleich in diese Gemeinschaft ein, sondern tat nach Weisung ihres Schutzengels noch alle ihrem Mann nötigen Liebesdienste. Dieser starb 1436. Nun «konnte Franziska sagen, dass alles, was sie in der Welt noch hätte zurückhalten können, ins Grab gesunken war».[33] Jetzt «konnte sie noch einige Jahre (1436-1440) bei ihren geistlichen Töchtern weilen, mit ihnen für die Armen und für die Kirche arbeiten und beten».

Ordenseintritt und Wundmale Christi

Das war nun die Zeit, in der Christus seine treue Dienerin auf die Vereinigung mit sich vorbereitete; zuerst einmal durch den Ordenseintritt: «Mit bloßen Füßen, in einem armseligen Kleid, die Haare unbedeckt und aufgelöst, ausgestreckt am Boden liegend und Tränen vergießend, bat Franziska – Sünderin und Bettlerin, wie sie sich selber nannte –, ihre Tage der Witwenschaft bei den Schwestern verbringen zu

---

33 Vgl. Christian Stelzer, a.a.O., S. 324.

dürfen.»[34] Die Schwestern gewährten ihr nicht nur diese Bitte, sondern ernannten sie kurz darauf zu ihrer Oberin. Franziska aber lehnte zuerst dieses Amt aus Demut ab, ihr Erzengel aber gab ihr zu erkennen, dass sie die Wahl zur Oberin als den Willen Gottes annehmen solle.[35] Der Erzengel versicherte ihr, dass sie auch als Oberin demütig und selbstlos dienen könne. Also gehorchte sie und wuchs noch zur Erbauung aller in eine geistliche Mutterschaft hinein, die sie mit großer Liebe und Fürsorge ausübte. Weiter führte Christus die Heilige in diesem letzten Lebensabschnitt auf dem Weg der Einigung durch Visionen, in denen er sich ihr als leidender Erlöser und Schmerzensmann offenbarte und ihr sogar die Wundmale seines zermarterten Leibes mitteilte.[36]

Dritter Schutzengel aus dem Engelchor der Mächte

Auf diesem letzten Lebensabschnitt wurde Franziska zuletzt von einem dritten Schutzengel begleitet, der ihr aus dem Engelchor der Mächte zugeteilt worden war und der in seinem Dienst, in seiner Herkunft und in seiner Ausstrahlung anzeigte, dass Franziska nun in einen noch tieferen Lichtkreis der Liebe Gottes eingetaucht werden sollte. Dieser Schutzengel Franziskas aus dem Chor der Mächte hatte den bösen Geistern gegenüber, welche die Heilige noch immer quälten,

---

34 Vgl. M. M. Anguillaria, a.a.O., § 117, S. 197.

35 Vgl. M. M. Anguillaria, a.a.O., § 118, S. 197.

36 Vgl. J. Mattiotti, a.a.O., § 17, S. 106.

größere Macht als der zweite Schutzengel aus dem Chor der Erzengel.

«Sein Lichtglanz war so groß, dass Franziska ihn gar nicht scharf sehen konnte.»[37] Dieser Engel sammelte Franziskas Liebes- und Bußwerke wie «goldene, fruchtbeladene Zweige» und er wob aus den Tugendakten ihres Lebens und aus ihren Verdiensten ein kostbares Gewebe, ein himmlisches Hochzeitsgewand.[38] Auffallend war, wie dieser Engel seine Arbeit an diesem kostbaren Gewebe schließlich immer mehr beschleunigte. «Daran erkannte die Dienerin Gottes ihren bald bevorstehenden Tod.»[39]

Der Tod naht

Am 2. März 1440 befiel Franziska eine schwere Krankheit. Christus erschien ihr am selben Tag in großer Herrlichkeit und sagte ihr den nahen Tod voraus. «Trotz großer körperlicher Schmerzen blieb Franziska ruhig und lobte fröhlich Gott, wie sie es ihr Leben lang getan hatte»[40]; ihre Krankheit schien sie innerlich nicht zu berühren. In jahrelanger Askese hatte sie ja das «Absterben» bereits hinter sich. Darum konnte sie in letzten Worten beten: «Ich gebe meinen Leib, meinen Geist, mein Leben in deine Hand, Herr Jesus!»

---

37 Chr. Pesch, a.a.O., S. 174.

38 Vgl. Chr. Stelzer, a.a.O.. S. 330, 336.

39 Vgl. J. Mattiotti, a.a.O., § 96, S. 175.

40 Vgl. J. Mattiotti, a.a.O., § 96, S. 175.

So blieb sie auch in der Todeskrankheit und beim Sterben gelassen und heiter. Sie starb am 9. März 1440 mit den Worten: «Die Himmel sind offen. Die Engel steigen hernieder, der Erzengel hat sein Werk vollbracht, er steht vor mir und winkt mir freundlich zu, ihm zu folgen.»[41] Papst Paul V. hat Franziska Romana, die der heilige Kirchenlehrer Franz von Sales «eine der größten Heiligen» genannt hat[42], 1608 heiliggesprochen. Weil sie sichtbar an ihrer Seite den Schutzengel wusste und oft auch so dargestellt wird, wie sie ihren Schutzengel als Diakon oder im weißen Chorrock neben sich hat, wird sie neben dem Märtyrer Christophorus seit 1925 als Patronin der Autofahrer verehrt.[43]

---

41 Vgl. W. Schamoni, a.a.O., S. 745.

42 Vgl. E. u. H. Melchers, Das große Buch der Heiligen (München 1978), S. 151.

43 Gesamter Text über die hl. Francisca Romana, in: Ferdinand Holböck, Vereint mit den Engeln und Heiligen. Heilige, die besondere Beziehungen zu den Engeln hatten (Christiana-Verlag, Stein am Rhein/Schweiz, 2. Auflage 1986, S. 302-308).

Die Andacht
der hl. Gemma Galgani († 11.4.1903) zu ihrem Schutzengel

Die 1878 in der Nähe von Lucca (nördlich von Pisa) geborene, früh verwaiste und mit 25 Jahren am Karsamstag, 11. April 1903, verstorbene Gemma Galgani hat – menschlich gesprochen – nichts weiter geleistet, als dass sie sittlich sauber lebte, harte familiäre Schicksalsschläge und schmerzhafte Krankheiten in erbaulicher Ergebenheit tapfer ertrug und so geläutert wurde. In den Augen der Verantwortlichen in der Kirche aber ist sie eine ergreifende, jugendliche Passionsmystikerin, die dem gegeißelten, mit Dornen gekrönten und gekreuzigten Herrn Jesus Christus nicht bloß durch die Stigmata, sondern auch durch vorbehaltlose Sühnebereitschaft ähnlich werden durfte und sich Gott als freiwilliges Sühnopfer für gefährdete Seelen anbot.

Aus der im Auftrag ihres Seelenführers niedergeschriebenen Selbstbiografie, dem kurzen Geistlichen Tagebuch und den Briefen, die sie an ihren Seelenführer, den Passionisten-Ordenspriester Padre Germano schrieb, erfahren wir, dass die am 2. Mai 1940 Heiliggesprochene nicht bloß eine Kreuzesmystikerin war, sondern auch einen auffallend innigen und familiären Kontakt zu ihrem Schutzengel hatte … [44]

---

44 Gesamter Text über die hl. Gemma Galgani, in: Ferdinand Holböck, Vereint mit den Engeln und Heiligen. Heilige, die besondere Beziehungen zu den Engeln hatten (Christiana-Verlag,

Erste Biografie und Briefe

Vier Jahre nach dem Tod Gemmas, also 1907, veröffentlichte P. Germano die erste Biografie, eine klare Darlegung des kurzen, aber sehr intensiven Lebens des jungen Mädchens aus Lucca und einzigartiges Zeugnis von jemandem, der so nahe die geistlichen Fortschritte verfolgt hatte. Die Biografie fand eine sehr schnelle Verbreitung und breite Zustimmung. 1909 wurden die Briefe und Ekstasen (damals ohne Wissen der Heiligen aufgezeichnet) veröffentlicht. Nachfolgend veröffentlichen wir aus der Biografie «Das Leben der hl. Gemma Galgani» von P. Germano Auszüge aus Kapitel 16 «Andacht zum Schutzengel».[45]

Gemma Galganis Andacht zum Schutzengel

Besäßen wir in der Heiligen Schrift nicht die liebliche Geschichte des jungen Tobias und eine Wiederholung derselben bei einigen von der Kirche heiliggesprochenen Personen beiderlei Geschlechts, so wäre man versucht, das für übertrieben anzusehen, was vom Verhältnis des Schutzengels zu Gemma hier angeführt werden soll. Allein wer wagte es, den Herrn zu fragen: «Warum erweisest du dich so gütig gegen deine Geschöpfe?» Was nun bei diesem Verhältnis als

---

Stein am Rhein/Schweiz, 2. Auflage 1986, S. 387-394).

45 Vgl. Das Leben der hl. Gemma Galgani. Geschrieben von ihrem Seelenführer, dem Passionisten Padre Germano. Übertragen ins Deutsche von P. Leo Schlegel OCist (1912), sprachliche Anpassung 2020. Biographie.pdf, www.gemmagalgani.net/vita/

ganz außerordentlich erscheint, das ist die sichtbare und beständige Gegenwart des Engels.

Sie redete mit ihrem Schutzengel wie mit einem Freund

Gemma schaute ihn mit ihren leiblichen Augen, berührte ihn mit der Hand, als wäre er eine lebende Person dieser Welt, sie pflegte mit ihm zu reden, wie ein Freund sich mit seinem Freunde unterhält. «Jesus hat mich keineswegs allein gelassen, er bewirkt, dass mein Schutzengel stets bei mir ist.» Für diese Wohltat und Gunst dankte sie Gott von ganzem Herzen und erklärte sich dem Engel gegenüber immer für Dank schuldig. «Wenn ich manchmal schlimm bin, mein lieber Engel, so gerate nicht in Zorn; ich will dir dankbar sein.» Darauf erwiderte der Engel: «Ja, ich will dein getreuer Führer und Begleiter sein. Oder weißt du nicht, wer mich dir zum Beschützer gegeben hat? Jesus in seiner Güte.»

Das war zu viel für das liebende Herz Gemmas; sie geriet zugleich mit ihrem Schutzengel in Ekstase. Was sie in diesem Zustande taten, verrät sie selbst mit folgenden Worten: «Wir beide verblieben mit Jesus. O, wenn auch Sie, Pater, dabei gewesen wären!» Mit Jesus verbleiben wollte bei ihr besagen, sich mit dem Geiste und mit dem Herzen in den unermesslichen Ozean der Gottheit versenken, um darin geheime Dinge zu sehen und zu hören.

Er vermittelte ihr eine tiefe Erleuchtung
über die Passion Jesu

Sie erblickte ihn, bald wie er in der Luft schwebte, die Flügel entfaltet und die Hände über sie ausbreitend oder auch zum Gebete schließend, bald wie er neben ihr kniete. Beteten sie z.B. Psalmen, dann wechselten sie mit den Versen ab; verrichteten sie aber Stoßgebete, so entstand gewissermaßen ein heiliger Wettstreit dabei. Wir riefen: «Es lebe Jesus! Gebenedeit sei Jesus!» Jesus hatte offenbar großes Wohlgefallen daran. Begab sich Gemma in die Betrachtung, so vermittelte ihr der Engel tiefe Erleuchtung, regte ihr Herz zu festen Entschlüssen an, so dass jene Übung trefflich vonstatten ging.

Weil der Gegenstand ihrer Betrachtung meistens das Leiden Christi war, so kam der Engel ihr auch da zu Hilfe, indem er die tiefen Geheimnisse der Passion enthüllte. «Siehe, wie viel Jesus für die Menschen gelitten hat! Betrachte jede einzelne Wunde, die Liebe hat sie alle geöffnet. Bedenke, wie schrecklich die Sünde ist, die nur durch solche Leiden, durch solche Liebe gesühnt werden konnte.»

Beim Anblick des Engels
verlor sie den Gebrauch der Sinne

Wenn Gemma, nicht bloß zur Zeit ihres betrachtenden oder mündlichen Gebets, die Augen zum Anblick des Engels erhob, auf ihn horchte oder mit ihm sprach, so verlor sie den Gebrauch der Sinne. In diesem Augenblick konnte man sie rütteln, schlagen, stechen, sie hätte nichts davon verspürt. Hörte sie auf, ihn anzublicken oder mit ihm zu reden, so kehrte sie auch sofort zu sich zurück. Äußerlich konnte man nichts wahrnehmen, als die Unbeweglichkeit ihrer Person und das überirdische Leuchten ihrer Augen. Man musste sie anfassen, wollte man Gewissheit bekommen von ihrem Zustand.

Innige Vertrautheit mit dem Schutzengel

Oft waren die Unterredungen so einfach und vertraulich wie möglich und erinnern unwillkürlich an das Verhältnis zwischen dem Erzengel Raphael und dem jungen Tobias.

«Sag mir, mein Engel, was hatte doch der Beichtvater heute morgen, dass er so ernst war und mich nicht anhören wollte? Wird mir der Pater aus Rom antworten (und wann) auf den Brief, worin ich ihn um Verhaltungsmaßregeln in einem bestimmten Falle gebeten habe? Und jener Sünder, den ich meine, wann wird ihn Jesus mir bekehren? Sag mir, mein Engel, was soll ich jener Person, die mich um Rat gefragt hat, antworten? Was dünkt dir von mir, ist Jesus mit mir zufrieden, oder wie kann ich ihn zufriedenstellen?»

Solche und ähnliche, das geistige Wohl betreffende Fragen stellte sie an ihn; denn von anderem sprach sie überhaupt nicht. Der Schutzengel wusste sich vortrefflich ihrer fast unbegrenzten Kindeseinfalt und Natürlichkeit anzubequemen und beantwortete ihre Fragen. Der Erfolg brachte auch den Beweis, dass die

Beantwortung wirklich von einem himmlischen Geist ausgegangen war.

Sie gab ihm Aufträge und Briefe an Personen mit

Ich besitze darüber so zahlreiches Material, dass es allein einen ganzen Band anfüllen würde. Um nur allgemein zu sprechen, darf ich sagen, dass der Schutzengel für Gemma gleichsam ein zweiter Jesus war. Sie setzte ihm ihre eigenen und fremden Bedürfnisse auseinander, bei ihren Trübsalen, besonders beim Kampf mit dem bösen Feind, hatte sie ihn stets an der Seite. Sie gab ihm auch verschiedene Aufträge an Gott, an Maria, an ihre Schutzpatrone im Himmel. Sogar verschlossene und versiegelte Briefe an die eben Erwähnten übergab sie ihm mit der Bitte, er möge ihr seinerzeit die Antwort vermitteln. Die Briefe wurden wirklich fortgenommen. Wie viele Proben habe ich angestellt, um sicher zu sein, dass ein so außergewöhnliches Vorkommnis wirklich durch übernatürlichen Eingriff erfolge! Und doch hat mich kein Versuch getäuscht und ich musste mich in diesem Punkt wie noch in manch anderen überzeugen, dass der Himmel seine eigenen Absichten hatte mit diesem von ihm so begünstigten Geschöpf.

Wenn sie ihren heiligen Schutzengel mit einem besonderen Auftrag an Personen hier auf Erden schickte, was oft geschah, so wunderte sie sich gewaltig, wenn sie keine Antwort erhielt. «Es sind doch schon viele Tage her, dass ich es Ihnen durch den Engel sagen ließ; wie kommt es nur, dass Sie nichts getan haben in der Sache. Sie hätten mir wenigstens durch den Engel berichten lassen können, dass Sie sich mit der Sache nicht abzugeben gedenken. Zürnen Sie mir doch nicht, wenn ich neuerdings darauf zurückkomme; es handelt sich um eine sehr ernste Sache.»

Der Schutzengel zügelte die Gewalt Satans

So ward der Himmelsbote von ihr stets in Anspruch genommen und er leistete ihr auch gerne Dienste. Wenn er auch nicht angerufen wurde, kam er ihr doch in jeder Not und Gefahr zu Hilfe. Er zügelte die Gewalt Satans, der durch boshafte Kunstgriffe ihr zu schaden suchte, er kämpfte wohl auch mit ihm, um sie seinen Händen zu entreißen. In anderen Gefahren des Lebens stand er ihr schützend zur Seite und mahnte sie, doch die geeigneten Mittel zur Meidung der Gefahr immer anzuwenden; dadurch behütete er sie vor großem Übel.

Einmal sagte er in zärtlichem Mitleid zu ihr: «Armes Kind, du bist schwach und bedarfst immer des fremden Beistandes; wie viel Geduld muss ich mit dir haben!» Die Aufgabe, welche der Engel Gemma gegenüber hatte, bezog sich in erster Linie auf das Heil ihrer Seele. Stets bot sich ihm Gelegenheit, sie zu ermahnen und zu belehren. Manche dieser Unterweisungen hat sie uns wenigstens im Auszug erhalten, indem sie ihrem Seelenführer Mitteilung davon machte.

Einmal wollte der Engel ausdrücklich, dass sie niederschriebe, was er ihr zu sagen hatte. Auf seinen Befehl nahm sie also Papier und Feder, setzte sich an den Schreibtisch, während der Engel an ihrer Seite stand und ihr folgende Weisungen erteilte:

«Meine Tochter, denke daran, wer Jesus wahrhaft liebt, spricht wenig und erträgt alles. Ich befehle dir im Namen Jesu, deine Ansicht nie zu äußern, wenn du nicht darum befragt wirst, auch nicht auf deiner Meinung zu verharren, sondern gleich zu schweigen. Wenn du einen Fehler begangen hast, klage dich sofort darüber an und warte nicht, bis sonst jemand Klage erhebt. Gehorche pünktlich und ohne Widerrede dem Beichtvater und auch andern, wenn er es verlangt. Sei aufrichtig gegen jenen und gegen diese. Vergiss nicht, die Augen zu bewachen, und bedenke, dass das abgetötete Auge die Schönheit des Himmels schauen wird.»

Der Schutzengel korrigierte oft ihre Fehler

Nötigenfalls wusste der Schutzengel auch Strenge anzuwenden, wenn es galt, sie von ihren kleinen und nicht einmal freiwilligen Fehlern zu bessern; er ließ ihr auch nicht einen durchgehen. Sie selbst versicherte mir eines Tages: «Er ist wohl streng mein Engel, aber das gefällt mir. In den vergangenen Tagen tadelte er mich drei- oder viermal täglich.» Groß war gewiss auch der Nutzen, den Gemma aus dieser Belehrung ihres Schutzengels zog. Sie hatte ja von jeher ein reges

Verlangen nach der Vollkommenheit in der Tugend. «Teurer Engel, wie lieb habe ich dich!» «Warum?» «Weil du mich lehrst, brav zu sein, demütig zu bleiben und Jesus wohlzugefallen.»

Nachfolgend ein Auszug aus Gemma Galganis Briefen an Monsignore Volpi, Padre Germano und weitere Personen:

«Nach etwa einer Stunde schien es mir, als sehe ich meinen Schutzengel, der zwei Kronen in der Hand hielt, die eine von Dornen, nach Art eines Hutes geformt, die andere von glänzendweißen Lilien. Beim Anblick dieses Engels überkam mich wie stets etwas Furcht; dann aber empfand ich Freude. Gemeinsam beteten wir die Majestät Gottes an und riefen: 'Es lebe Jesus!' Dann zeigte er mir die zwei Kronen und fragte, welche von beiden ich wolle.

Schmerzen und Schläge am Körper

... ich antwortete dem Engel und sagte, ich wolle mir die Krone Jesu erwählen. Da zeigte er mir die Dornenkrone und reichte sie mir dar; ich küsste sie wiederholt, und nachdem der Engel sie mir aufs Haupt gesetzt hatte, verschwand er. Da begann ich an den Händen, an den Füßen und am Haupte zu leiden, später schmerzte mich der ganze Körper, auch fühlte ich heftige Schläge; auf diese Weise brachte ich die Nacht zu; mit Mühe erhob ich mich des Morgens, nur um diese so außerordentlichen Zustände nicht bekannt werden zu lassen. Die Schläge sowie die Schmerzen verspürte ich bis gegen zwei Uhr; um diese Stunde kehrte der Engel wieder (um es offen zu gestehen, ich konnte es fast nicht mehr aushalten) und bewirkte, dass ich mich wieder wohlfühlte.

Er sagte mir, Jesus habe Erbarmen gehabt mit mir, weil ich so schwach bin und noch außerstande, im Leiden auszuharren bis zu der Stunde, wo er verschied. Hierauf fühlte ich mich wohl; doch taten mir alle Glieder weh und kaum vermochte ich mich auf den Füßen zu halten. Ein Umstand betrübte mich jedoch; ich machte die Entdeckung, dass die Zeichen nicht verschwunden waren. Als ich am Morgen kommunizierte, bat ich Jesus noch dringender, dass er mir die Zeichen doch wegnehme; er versprach mir dann, am Tage seines Leidens werde er sie mir wegnehmen. Die arme Gemma.»

Der hl. Francisco († 4.4.1919) und die hl. Jacinta Marto († 20.2.1920) von Fatima und der Engel des Friedens

Die von den Päpsten Pius XII., Johannes XXIII., Paul VI. und Johannes Paul II. direkt oder indirekt bestätigten Erscheinungen der unbefleckt empfangenen Gottesmutter Maria in Fatima in der Zeit vom 13. Mai bis 13. Oktober 1917 sind heute den meisten Katholiken bekannt. Viel weniger bekannt aber ist, dass die drei begnadeten Seherkinder Lucia, Jacinta und Francisco im Jahr zuvor, also 1916, die dreimalige Erscheinung eines strahlend schönen Engels erlebt und von diesem eine Botschaft in Gestalt zweier Gebete, die er die Kinder lehrte, empfangen haben.

Während sie den Rosenkranz beteten

Es wird darüber Folgendes zuverlässig berichtet:[46] Die drei Kinder hüteten an einem Frühlingstag des Jahres 1916 die Schafe ihrer Eltern am Fuße eines Hügels in der Nähe von Fatima, der im Volksmund «Cabéco» (Großkopf) genannt wird. Das schlechte Wetter zwang die Kinder, einen Unterstand aufzusuchen.

---

46 Vgl. Das Geschilderte über die Engelerscheinung vor den drei Seherkindern von Fatima hält sich an den Bericht im Buch: L. G. da Fonseca «Maria spricht zur Welt, Geheimnis und weltgeschichtliche Sendung Fatimas» (Innsbruck 1950), S. 115-119.

Dazu stiegen sie den Hügel hinan, bis sie auf halber Höhe eine Höhle fanden. Diese bot ihnen hinreichenden Schutz gegen den Regen. Als dieser schließlich wieder aufgehört hatte, blieben die Kinder zuerst noch in ihrem Unterschlupf, aßen da ihr mitgenommenes bescheidenes Mahl, beteten dann wie gewohnt den Rosenkranz und fingen hierauf an zu spielen.

Erschreckt durch einen starken Windstoß, liefen die drei Kinder aber aus der Höhle heraus ins Freie, um nach der Ursache dieses Getöses zu forschen. Wie sie nun auf die Ebene hinunterschauten, gewahrten sie über dem kleinen Olivenwäldchen, das den Abhang unter ihnen bedeckte, einen außerordentlichen Lichtschein und darin eine – wie ihnen schien – menschliche Gestalt.

Der Engel des Friedens erscheint ihnen

Die Erscheinung, wie eine Statue aus Kristall, glänzender als der Schnee, von Sonnenstrahlen durchdrungen, schwebte nun auf die drei Kinder zu. Und schon stand in überirdischer Schönheit ein Jüngling vor ihnen. Er begann, die drei Kinder mit jenen Worten anzusprechen, mit denen einst auf dem Hirtenfeld von Betlehem die schlichten Hirten angeredet worden waren: «Fürchtet euch nicht!» (Lk 2,10). Dann fügte der Erschienene die Erklärung hinzu: «Ich bin der Engel des Friedens. Betet mit mir!» Der Engel kniete vor den Kindern nieder, berührte mit der Stirn den Boden und sprach dreimal: «Mein Gott, ich glaube an dich, ich bete dich an, ich hoffe auf dich, ich liebe dich. Ich bitte dich um Verzeihung für jene, die nicht glauben, dich nicht anbeten, nicht auf dich hoffen und dich nicht lieben.»

Lucia, Francisco und Jacinta wurden von einer übernatürlichen Kraft bewogen, sich ebenfalls auf die Erde niederzuwerfen, es also dem erschienenen Engel gleichzutun und das von ihm vorgesprochene Gebet zu wiederholen. Der Engel erhob sich und sagte noch: «Betet so! Die Heiligsten Herzen Jesu und Mariens werden sich durch euer Gebet rühren lassen.» Der geheimnisvolle Bote entschwand dann wieder. Die drei Kinder schauten verwundert um sich, sie fühlten sich in eine andere Welt versetzt, sie überdachten das Erlebte und wiederholten dann noch einmal das Gebet des Engels, das sich unauslöschlich ihrem Gedächtnis eingeprägt hatte.

Sühnebereitschaft

Von da an unterhielten sich Lucia, Francisco und Jacinta am liebsten über diese Erscheinung. Sie führten fortan ihre Schafe besonders gern in die Nähe des Erscheinungshügels, beteten mit großer Andacht das Gebet, das sie der Engel gelehrt hatte, und überdachten es immer wieder. Dabei ging ihnen immer mehr der Gedanke der stellvertretenden Sühne auf: An Gott glauben auch für jene, die nicht glauben, auch für jene, die nicht hoffen, Gott lieben auch für jene, die Gott nicht lieben, Gott anbeten auch für jene, die Gott nicht anbeten, und dabei Gott für die gottvergessenen Menschen, die nicht mehr hoffen, nicht mehr lieben, nicht mehr anbeten, um Verzeihung bitten.

Den Kindern war hier eine ganz wesentliche Haltung beigebracht worden, die ihnen immer vertrauter wurde und ihnen sozusagen in Fleisch und Blut überging. Sie haben diese Sühnehaltung in ihrem Leben großartig verwirklicht: Francisco und Jacinta in der Art, wie sie ihr junges Leben aufopferten, und Lucia in ihrer Sühnebereitschaft in verschiedenen Klöstern und später im Karmel von Coimbra.

Neue Mission: Opfer für die Bekehrung der Sünder

Einige Wochen nach dieser Engelserscheinung – es war mitten im Sommer 1916 – spielten die drei Kinder im Garten von Lucias Eltern. Auf einmal stand der schöne Jüngling wieder vor ihnen und ermahnte sie zu beten, viel zu beten, und sagte dann: «Die Heiligsten Herzen Jesu und Mariens wollen mit euch einen Plan der Barmherzigkeit verwirklichen.»

Der Engel empfahl den drei Hirtenkindern, sie sollten Gott Opfer für die Bekehrung der Sünder darbringen, um so ganz besonders auf ihr portugiesisches Vaterland den Frieden herabzuflehen. Jedes Wort des Engels drang wieder ganz tief in die Seelen der Kinder ein. Sie dankten Gott von Herzen dafür, dass er sie liebe und für seine geheimnisvollen Pläne auserwählt habe. Sie versprachen zu tun, was sie könnten, um die Wünsche Gottes zu erfüllen. Von diesem Augenblick an opferten sie alle ihre Handlungen Gott auf. Am allerliebsten wiederholten sie das Gebet des Engels: «Mein Gott, ich glaube an dich ...»

Der himmlische Bote mit einem Kelch und einer Hostie

Zu Beginn des Herbstes 1916 hüteten Francisco, Jacinta und Lucia ihre Schafherde auf dem «Großkopf-Hügel» in der Nähe von Fatima. Als sie ihr karges Mahl verzehrt hatten, begaben sie sich wieder zur Höhle, um dort wie üblich den Rosenkranz zu beten; diesem wollten sie noch das Gebet des Engels anfügen. Sie beugten sich dazu zur Erde nieder. Auf einmal waren sie von einem außerordentlich hellen Licht umflossen. Sie erhoben ihre Gesichter und sahen wieder den himmlischen Boten vor sich. Er hielt diesmal einen Kelch in seinen Händen.

Über dem Kelch schwebte eine Hostie, aus welcher Blutstropfen in den Kelch fielen. Der Engel kniete sich nun nieder und befahl den Kindern, es ebenso zu machen und mit ihm zu beten. Unterdessen blieben der Kelch und darüber die Hostie in der Luft schweben. Der Engel aber sprach nun das folgende Gebet vor, das er dreimal wiederholte: «Heiligste Dreifaltigkeit, Vater, Sohn und Heiliger Geist, ich bete dich aus tiefster Seele an und opfere dir auf den kostbaren Leib, das Blut, die Seele und die Gottheit unseres Herrn Jesus Christus, der in allen Tabernakeln der ganzen Welt zugegen ist, zur Sühne für die Schmähungen, den Gottesraub und die Gleichgültigkeit, durch die Er beleidigt wird. Durch die unendlichen Verdienste seines Heiligsten Herzens und die Fürsprache des Unbefleckten Herzens Mariens bitte ich dich um die Bekehrung der Sünder.»

Der Engel erhob sich und reichte Lucia die Hostie; den Inhalt des Kelches aber teilte er an Francisco und Jacinta aus, indem er sagte: «Empfanget den Leib und das Blut Jesu Christi, der durch die undankbaren Menschen so furchtbar beleidigt wird! Leistet Sühne für ihre Sünden und tröstet euren Gott!» Dann ließ er die Kinder dreimal das ihnen zuvor vorgesprochene Gebet wiederholen: «Heiligste Dreifaltigkeit …» Als die Kinder dreimal dieses Gebet gesprochen hatten, entschwand der Engel.

Die Kinder aber wiederholten, tief zur Erde geneigt, immer wieder dieses Aufopferungsgebet. Ganz versunken in die geschaute und erlebte übernatürliche Wirklichkeit und in das, was da im Gebet des Engels aufgeklungen war, überdachten sie das ganze Ereignis immer wieder. Sie erfassten immer mehr den Sinn der Sühnekommunion, in der wir dem dreifaltigen Gott Leib, Blut und Seele Jesu Christi, die mit der Gottheit Christi hypostatisch vereint sind, aufopfern zur Sühne und Genugtuung für die vielen Schmähungen und Sakrilegien, für all die Ehrfurchtslosigkeit und Gleichgültigkeit, mit der Jesus Christus, der in der heiligsten Eucharistie wahrhaft, wirklich und wesentlich gegenwärtig ist, beleidigt wird, heute mehr denn je.

Gebet für die Umkehr der Sünder

Und es geht dabei um das dringendste Gebetsanliegen, das wir heute, in dieser Zeit des Glaubensabfalls und der Glaubensverwirrung, Gott vortragen können: die Bekehrung der Sünder. Wir bitten Gott darum auf Grund der unendlichen Verdienste des Heiligsten Herzens Jesu und auf Grund der Fürsprache des Unbefleckten Herzens Mariens. Die beiden Gebete, die der Engel des Friedens in Fatima die drei Hirtenkinder gelehrt hat, sind ungemein aktuell für unsere Zeit und sind so verfasst, dass man sich unwillkürlich sagen muss: So etwas konnten diese Kinder unmöglich aus sich selbst ersonnen haben.

Unvergleichliche Schönheit des Engels

Zuletzt gehört noch darauf hingewiesen, dass die drei Hirtenkinder von Fatima durch die dreimalige Erscheinung des Engels des Friedens bestens vorbereitet worden waren für die Erscheinungen der Königin der Engel, der unbefleckt empfangenen Gottesmutter. Die drei sprachen – wie Sr. Lucia, als sie noch lebte, bestätigt hat – vom Herbst 1916 an, wenn sie unter sich waren, eigentlich von nichts anderem mehr, als nur von der Erscheinung des Engels. Der Dialog, den Jacinta mit ihrem Bruder Francisco geführt hat, ist vielsagend.

Sie sagte zu ihm: «Ich weiß nicht, was mit mir los ist, ich kann eigentlich gar nicht mehr recht spielen und singen, ich habe eigentlich zu nichts mehr Lust.» Darauf Francisco: «Ich auch nicht. Aber was macht das schon aus? Der Engel war doch so schön.» Da Francisco und Jacinta genauso wie Lucia den himmlischen Boten nie mehr mit den leiblichen Augen betrachten konnten, verweilte ihr geistiges Auge umso mehr bei der unvergleichlichen Schönheit des Engels. In ihrem Herzen widerhallten immer wieder die gehörten Worte des Engels und sie lebten ganz in der Erwartung der angekündigten Pläne der göttlichen Barmherzigkeit.

Vorbereitung auf die Muttergottes und auf den Tod

Zuletzt könnte man noch fragen: Warum hat Gott diesen drei Kindern einen Engel gesandt? Die Antwort kann nur lauten: Dieser himmlische Bote sollte nach dem Willen Gottes der Vorläufer der Himmelskönigin sein; er sollte sie auf ihre Sendung als Vertraute Mariens vorbereiten. Was aber soll die mystische Kommunion, die die Kinder aus Engelshand empfangen durften, bedeuten? Lucia empfing nur die heilige Hostie, Francisco und Jacinta aber durften aus dem Kelch das kostbare Blut trinken. Darf man etwa annehmen, dass dies so geschah, um anzudeuten, dass diese beiden Kinder schon bald das Opfer ihres Lebens bringen und den Kelch des Leidens trinken sollten nach der Absicht der Gottesmutter?

Wie Jesus die beiden Zebedäussöhne Jakobus und Johannes gefragt hat: «Könnt ihr den Kelch trinken, den ich trinken werde?» (Mk 10,38), so wurden gleichsam diese beiden Kinder bei der mystischen Kelchkommunion gefragt, ob sie mit Christus und seiner schmerzensreichen Mutter den Kelch des Leidens im Geist der Sühne für die vielen Sünden der Menschheit und zur Erlangung der Gnade der Bekehrung der Sünder zu trinken bereit seien.

Sie waren dazu bereit, wie sich in ergreifender Weise bei ihrer Todeskrankheit und bei ihrem bereitwilligen Sterben zeigte.[47] Francisco starb eines heiligmäßigen Todes am 5. April 1919, Jacinta am 20. Februar 1920. Im Dezember 1950 hat der Bischof von Fatima den kanonischen Prozess für die Seligsprechung Jacintas und ihres Bruders eingeleitet. Die Leiber der beiden Kinder ruhen seit dem 1. Mai 1951 in der Basilika der Cova da Iria in Fatima.

Heiligsprechung am 13. Mai 2017

Anlässlich der Wallfahrt von Papst Johannes Paul II. nach Fatima wurden Jacinta und Francisco am 13. Mai 2000 seliggesprochen. Im Verlauf des Verfahrens zur Heiligsprechung erkannte Papst Franziskus am 23. März 2017 ein Wunder an, das der Fürsprache Franciscos und seiner Schwester Jacinta zugeschrieben wird. Damit war die letzte Voraussetzung für eine Heiligsprechung der Geschwister erfüllt.[48] Die Heiligsprechung erfolgte am 13. Mai 2017 während eines Besuchs des Papstes in Fatima zum 100. Jahrestag der Marienerscheinungen. Ihr liturgischer Gedenktag ist der 20. Februar[49].[50]

---

47 Vgl. C. Barthas: Fatima, ein Wunder des 20. Jahrhunderts (Freiburg i. Br. 1954), S. 138-145.

48 Promulgazione di Decreti della Congregazione delle Cause dei Santi. In: Tägliches Bulletin. Presseamt des Heiligen Stuhls, 23. März 2017, abgerufen am 23. März 2017 (italienisch).

49 Vgl. https://de.wikipedia.org/wiki/Francisco_Marto.

50 Gesamter Text über die hl. Francisco und Jacinta von Fa-

Sie sah ihren Schutzengel:
die ehrwürdige Schwester Maria
Antônia Cony († 25.4.1939)

Das Buch «Sie sah ihren Schutzengel» ist der erste
Teil der Lebenserinnerungen, die Schwester M. Antônia
(Cecy Cony), eine Brasilianerin, im Gehorsam gegen-
über ihrem Beichtvater P. Reus SJ niederschrieb mit
dem Titel: «Ich soll mein Leben erzählen». Hier die
Seiten 170-173 des Buches «Sie sah ihren Schutzengel»:

... Außerdem hatte ich eine ganz falsche Auffassung
von dem, was Papa mir gesagt hatte, und fürchtete
deshalb, gegen die Gesellschaftsregeln zu verfehlen.
Mein Schutzengel ließ während der ganzen Zeit, da ich
mit dem Herrn am Tische saß, seine heilige Hand auf
meiner Schulter. Sein heiliges Antlitz zeigte eine sanfte
Strenge und er schien traurig zu sein. Ich verstand, dass
es ihm missfiel, wenn ich noch länger mit dem Herrn
dort bliebe. Ohne Umschweife stand ich darum auf
und sagte, ich wolle zum Saal zurückkehren. Er wollte
mich begleiten, aber ich antwortete, ich wünschte allein
zu gehen und tat es auch.

Mein heiliger Schutzengel, in diesem Augenblick
erkenne ich, dass du mich wiederum vor einem Unglück
bewahrtest. Du hast deine kleine Freundin aus vielen

---

tima und den Engel des Friedens in: Ferdinand Holböck, Vereint
mit den Engeln und Heiligen. Heilige, die besondere Beziehungen zu den Engeln hatten (Christiana-Verlag, Stein am Rhein/
Schweiz, 2. Auflage 1986, S. 401-406).

großen Gefahren gerettet, ohne dass sie es erkannte. Jetzt erst erfasse ich das klar.

Mein heiliger Schutzengel, noch immer liebe ich dich sehr, obwohl du dich verborgen und deine schwache Freundin sich selbst überlassen hast. Doch ich weiß sehr wohl, dass du das tust, weil der liebe Heiland es will. Deshalb will auch ich es und vertraue stets auf deinen Schutz. Amen.

50. Gebet auf den Knien

Papa war noch immer in der Militärkolonie am Oberen Uruguay. Dort gab es keine Steinhäuser, und bevor Papa dorthin berufen wurde, ließ die Regierung ein Holzhaus für ihn bauen, das mit Lack gestrichen und auch mit Möbeln versehen war. Papa wohnte allein mit einer Köchin, einem Hausmädchen und einem Diener. Die Familienangehörigen waren noch immer in Jaguarão.

Schon bei Gelegenheit habe ich erwähnt, dass ich mich nicht an Papas Abwesenheit gewöhnen konnte. Nie verlor ich ihn aus dem Gedächtnis. In meiner Sehnsucht nach Papa dachte ich oft, dass dort in der Kolonie niemand sei, der im Falle einer Krankheit gut für ihn sorge, und viele andere Beunruhigungen quälten mich.

Unmöglich konnte ich abends einschlafen, bevor ich nicht den ganzen Rosenkranz für Papa gebetet, wenn ich nicht irgendein «großes» Opfer gebracht hatte. Meine letzte Bitte an den Schutzengel vor dem Einschlafen war unveränderlich diese: «Mein lieber heiliger Schutzengel, sobald ich eingeschlafen bin, gehe zu Papa und wache über ihn, zusammen mit seinem heiligen Engel.»

Erst dann konnte ich in Frieden schlafen

Eines Tages hatte ich mehr als gewöhnlich Sehnsucht nach Papa. Die «kleinen Opfer» wurden vermehrt und ich betete mehr als einen Rosenkranz. Abends bat ich meinen Schutzengel, er möge schon zu Papa gehen, bevor ich einschlafe. Später, als schon alle schliefen, wachte ich mit dem Gedanken an Papa auf. Es war im strengen Winter. Da ich schon keinen Schlaf mehr hatte, kam mir der Gedanke, den Rosenkranz für ihn zu beten, jedoch im Bett; denn wegen der Kälte hatte ich keine Lust, aufzustehen und zu knien. Ich begann das erste Gesätz des heiligen Rosenkranzes, aber es gelang mir nicht, drei «Gegrüßet seist du, Maria» zu beten.

Wie durch einen starken Antrieb wurde ich gezwungen aufzustehen: Ich sollte kniend beten. Ich tat es. Vor dem Bette kniend betete ich mit der größten Andacht, deren meine Seele fähig war, und in der festen Überzeugung, dass Papa des Gebetes bedürfe. Ich betete nicht nur einen Rosenkranz zur Mutter Gottes, sondern auch einen «Rosenkranz» von «Gedenke, dass ich dir gehöre» und einen «Schutzengel-Rosenkranz».

Bis dahin hatte mein Schutzengel sich nicht bemerkbar gemacht. Das befremdete mich jedoch nicht; denn ich hatte ihn ja zu Papa geschickt. Als ich den «Schutzengel-Rosenkranz» beendet hatte, begann ich von neuem einen Rosenkranz von «Ehre sei dem

Vater», so sehr fühlte ich mich angetrieben zu beten, trotz der empfindlichen Kälte, der Dunkelheit und des nächtlichen Schweigens. Am Ende des Gesätzes der «Ehre sei dem Vater», fühlte ich die heilige Hand wie liebkosend auf meinem Kopf, als ob mein Schutzengel mir hätte sagen wollen: «Es ist genug: Papa ist gerettet.» (Das fühlte ich mit der größten Sicherheit.) Ich ging wieder zu Bett und nach kurzer Zeit schlief ich in süßem Frieden ein.

Ein langer Brief

Nach Verlauf einiger Tage erhielt Mama einen langen Brief von Papa mit Ausschnitten aus einer Zeitung, die den Fall erzählten. Wegen eines Verstoßes gegen die Disziplin hatte Papa einen Soldaten festnehmen lassen. Nach beendigter Strafe wurde dieser in Freiheit gesetzt. Zwei oder drei Nächte später (eben in jener Nacht, in der ich aufwachte, um zu beten) wird Papa durch geräuschvolles starkes Geknatter von einem ungeheuren Feuerschein umgeben.

Als er merkt, dass das Haus in Flammen steht, springt er aus dem Bett und will in das anstoßende Zimmer eilen, um wichtige Papiere zu retten. Unmöglich! Die Flammen greifen in erschreckender Weise um sich. Er versucht, durch eine andere Tür zu entkommen. Dasselbe! Überall Flammen! Da läuft er zum Fenster, aber die Hitze hat es verbogen, und es lässt sich nicht öffnen. Plötzlich springt jedoch das Fenster, an dessen Rahmen schon die Flammen lecken, mit einem starken Knall auf und Papa hat kaum Zeit hinauszuspringen.

Er selbst gibt das Zeichen zum Feueralarm. Endlich kommt Hilfe. Später wurden Untersuchungen angestellt und es gelang, den Fall aufzuklären. Der Soldat hatte, um sich zu rächen, das Feuer angezündet; er selbst hat später gestanden.

Ich habe diesen Fall erzählt, weil ich fest davon überzeugt bin, dass mein Schutzengel Papa gerettet hat.

Ich glaube sogar, dass er es war, der das Fenster öffnete, damit Papa sich retten konnte. Wie es meine Gewohnheit war, ohne selbst zu wissen weshalb, erzählte ich niemandem den Fall mit den Rosenkränzen in jener Nacht. Ich weiß, dass mein Schutzengel mich beten ließ, während er hinging, um Papa zu retten. Als er seine heilige Hand auf meinen Kopf legte, war Papa bereits gerettet. Mein heiliger Engel, möge der gute Gott durch deine Treue verherrlicht werden! Amen.[51]

---

51 A. M.Weigl, Sie sah ihren Schutzengel (St. Grignion-Verlag, 84503 Altötting, 2000); autorisierter Herausgeber der 3. dt. Auflage ist laut maßgeblicher Bestätigung vom 19.8.1974 Pfr. i. R. A. M.Weigl. Aus dem Portugiesischen übersetzt von einer Schwester der gleichen Gemeinschaft der Franziskanerinnen der Buße und der christlichen Liebe der brasilianischen Ordensprovinz vom Heiligsten Herzen Jesu.

Engel kämpfen
für die Sache Gottes

Engel in der Heiligen Schrift

Wie sieht es aber mit der Rolle des Engels im gesamten Universum aus? Gott hat das All aus reiner Liebe geschaffen und es bildet eine wunderbare Einheit. Himmel und Erde, Verstorbene und Lebende, Engel, Menschen, Tiere und Natur sind harmonisch miteinander vernetzt, denn das gesamte Universum nimmt teil an der unbeschreiblichen Harmonie Gottes. Obwohl der Schöpfer des Universums seine Pläne allein vollbringen könnte, setzt er als göttlicher Pädagoge Werkzeuge ein, die durch IHN und für IHN wirken dürfen. Engel, Menschen, Tiere und Natur nehmen an seinem Wirken teil, indem sie von IHM Aufträge und die notwendigen Hilfsmittel zu deren Ausführung erhalten.

Weise Boten Gottes

Die Engel in ihrer rein geistigen Materie haben von Gott eine besondere Intelligenz erhalten; ihr Wille und ihre Intelligenz sind vollkommener auf Gott ausgerichtet als Wille und Intelligenz des Menschen. Sie sehen Gott von Angesicht zu Angesicht und können ihren Dienst ihm gegenüber treuer erfüllen. In den entscheidenden Momenten der menschlichen Geschichte waren es darum oft Engel, die sich in körperlicher Form offenbarten, um einen göttlichen Plan zu verkünden. «Engel (gotisch angilus; über lateinisch angelus *Engel* als Mittlerwesen zwischen Gott und Mensch, von altgriechisch ἄγγελος ángelos *Bote, Abgesandter*. Biblische Übersetzung von hebräisch ... mal'ach *Bote, Gesandter; Botschaft, Sendung; Maleach* – vgl. auch *Evangelium* und *Malik* sowie *Moloch*) ist eine Gattungsbezeichnung für himmlische Wesen (Geistwesen). Engel sind in den Lehren der monotheistischen abrahamitischen Religionen des Judentums, Christentums und Islams Geistwesen in (geflügelter) Menschengestalt, die von Gott erschaffen wurden, diesem untergeordnet ... und als dessen Boten zu den Menschen tätig ...»[52] Diese Bezeichnungen drücken ihre Funktion des Dienstes aus: ein Bote Gottes für die Menschen.

Engel als Diener Gottes

Seit unvordenklichen Zeiten erkennt man die Engel als Diener Gottes, man bezeugt ihnen gegenüber Verehrung und Respekt. Denn neben eindeutigen Eingriffen der Engel in den Verlauf eines Reiches, eines Heeres oder eines Volkes gab es immer auch das Eingreifen in das persönliche Leben der Menschen. Die Engel übernehmen Verantwortung und spielen eine wichtige Rolle im Heilsplan Gottes. «Sie schließen das Paradies

---

52 de.wikipedia.org/wiki/Engel.

ab, beschützen Lot, retten Hagar und ihr Kind, gebieten der Hand Abrahams Einhalt, teilen dem Volk das Gesetz mit, führen das Gottesvolk, kündigen Geburten und Berufungen an, stehen den Propheten bei, um nur einige Beispiele zu nennen. Schließlich erscheint der Engel Gabriel, um die Geburt des Vorläufers und die Geburt Jesu selbst anzukündigen.»[53]

Engel als Beschützer

Wenn wir weiter auf die heilige Schrift blicken, staunen wir über die Gegenwart der Engel im Leben vieler Protagonisten, z.B. im Lebens Jakobs, der seine Enkel, die Söhne Josephs, mit den Worten segnete: «Möge der Engel, der mich von allem Bösen befreit hat, diese jungen Leute segnen.» Mose und den Israeliten versprach der Herr: «Ich werde einen Engel schicken, der dir vorausgeht. Er soll dich auf dem Weg beschützen und dich an den Ort bringen, den ich bestimmt habe. Achte auf ihn und hör auf seine Stimme! Widersetz dich ihm nicht! Er würde es nicht ertragen, wenn ihr euch auflehnt; denn in ihm ist mein Name gegenwärtig. Wenn du auf seine Stimme hörst und alles tust, was ich sage, dann werde ich der Feind deiner Feinde sein und alle in die Enge treiben, die dich bedrängen» (Ex 23,20-23).

Den ersten Christen schickte Gott den Schutz der Engel, um ihren Missionsauftrag zu erfüllen. Ein Engel befreite Petrus aus dem Gefängnis. Die Apostelgeschich-

---

53 Vgl. Katechismus der Katholischen Kirche, Nr. 332.

te erzählt, wie Petrus anschließend Maria, die Mutter des Johannes mit dem Beinamen Markus, aufsuchte. Bei ihrem Haus klopfte er an die Hoftür. Da kam eine Magd namens Rhode herbei, um zu sehen, wer es war. Als sie die Stimme Petri hörte, vergaß sie voll Freude, die Tür zu öffnen. Sie lief hinein und meldete, Petrus stehe vor dem Tor. Sie glaubten es ihr nicht und sagten, sie sei von Sinnen, aber sie beteuerte, dass es wahr sei. Da meinten sie: «Es ist sein Engel.»

Die Engel in Jesu Leben

Im Lukasevangelium geben Engel sich fast die Türklinke in die Hand: Der Erzengel Gabriel verkündet der Jungfrau Maria die Geburt ihres Sohnes Jesus. Ein Engel des Herrn berichtet den Hirten auf den Feldern von der Ankunft des Messias. Es erscheint eine ganze Schar von Engeln, die Gott loben.

Im Matthäusevangelium erscheint ein Engel des Herrn dem Josef im Traum, erklärt ihm, was es mit der Schwangerschaft seiner Verlobten Maria auf sich hat, und ermutigt ihn, bei ihr zu bleiben. Josef gehorcht der Weisung des Engels und nimmt Maria als Frau an (Mt 1,24). Der Engel des Herrn erscheint Josef ein zweites Mal im Traum, warnt ihn vor den Häschern des Herodes und trägt ihm auf, mit seiner Familie nach Ägypten zu fliehen (Mt 2,13). Auch den Sterndeutern wurde im Traum geboten, nicht zu Herodes zurückzukehren, sondern auf einem anderen Weg in ihr Land zu reisen (Mt 2,12).

Alle drei Evangelien erzählen über die Versuchung Jesu durch den Teufel in der Wüste. Anschließend kommen – nach Matthäus und Markus – Engel zu Jesus und dienen ihm. In der Geschichte vom armen Lazarus und dem reichen Prasser geht es um ausgleichende Gerechtigkeit. Bei Lukas (Lk 16,22) heißt es: «Als nun der Arme starb, wurde er von den Engeln in Abrahams Schoß getragen.» Engel sind für viele Christen so auch Wegbegleiter der Sterbenden ins Reich des Todes. In einem bekannten Lied der Beerdigungs-Liturgie heißt es: «Zum Paradies mögen Engel dich geleiten…»

Im Johannesevangelium knüpft Jesus Christus an Jakobs Himmelsleiter an, indem er sagt: «Amen, amen, ich sage euch: Ihr werdet den Himmel geöffnet und die Engel Gottes auf- und niedersteigen sehen über dem Menschensohn» (Joh 1,51). In der Nacht vor seinem Tod kommt ein Engel zu Jesus, um ihn zu stärken (Lk 22,43). Und es waren Engel, die den Frauen am leeren Grab sagten: «Was sucht ihr den Lebenden bei den Toten? Er ist nicht hier, sondern er ist auferstanden» (Lk 24,5-6).[54]

Der Psalm 91,5-16

Im Psalm 91,5-16 verspricht uns der Herr den Schutz der Engel: «Du brauchst dich vor dem Schrecken der

---

54 www.katholisch.de: «Boten, Retter und Begleiter. Engel spielen in der Bibel an vielen Stellen eine zentrale Rolle» (Margret Nußbaum).

Nacht nicht zu fürchten, noch vor dem Pfeil, der am Tag dahinfliegt, nicht vor der Pest, die im Finstern schleicht, vor der Seuche, die wütet am Mittag. Fallen auch tausend an deiner Seite, dir zur Rechten zehnmal tausend, so wird es dich nicht treffen. Mit deinen Augen wirst du es schauen, wirst sehen, wie den Frevlern vergolten wird. Ja, du, HERR, bist meine Zuflucht. Den Höchsten hast du zu deinem Schutz gemacht. Dir begegnet kein Unheil, deinem Zelt naht keine Plage. Denn er befiehlt seinen Engeln, dich zu behüten auf all deinen Wegen. Sie tragen dich auf Händen, damit dein Fuß nicht an einen Stein stößt; du schreitest über Löwen und Nattern, trittst auf junge Löwen und Drachen. Weil er an mir hängt, will ich ihn retten. Ich will ihn schützen, denn er kennt meinen Namen. Ruft er zu mir, gebe ich ihm Antwort. In der Bedrängnis bin ich bei ihm, ich reiße ihn heraus und bring ihn zu Ehren. Ich sättige ihn mit langem Leben, mein Heil lasse ich ihn schauen.»

Die Kirche glaubte stets an diese liebevolle Vorsehung Gottes. Sowohl in der Liturgie, in der Verkündigung wie auch im Lehramt der katholischen Kirche sind die Engel gegenwärtig. Seit Jahrhunderten vertrauen Menschen ihrem Schutzengel mit jener Selbstverständlichkeit, mit der man seinem allerbesten Freund vertraut.

Engel-Zeugnisse
aus den letzten Jahrhunderten

Zeugnisse aus dem Altertum

Menander (um 342-291 v. Chr.), eigentlich Menandros, griechischer Komödiendichter: «Gleich von der Geburt an begleitet einen jeden ein Schutzgeist, der unbemerkt sein Leben leitet.»[55]

Makarios der Ägypter (um 300 - um 390), Schüler Antonius' des Großen, lebte 60 Jahre als Einsiedler in der Wüste.

Sein Gebet lautete: «Heiliger Engel, Schützer meiner Seele und meines Leibes, verlass mich Sünder nicht! Weiche nicht von mir wegen meiner Sünden! Umfasse meine schwache Hand und führe mich den Weg des Heiles!»[56]

Hl. Basilius der Große (330-379), Asket, Bischof und Kirchenlehrer: «Jeder Gläubige hat an seiner Seite einen Engel als Beschützer und Hirten, um ihn zum Leben zu führen.»[57]

---

[55] www.aphorismen.de.

[56] www.aphorismen.de.

[57] CNAdeutsch.de, de.catholicnewsagency.com/story/zehn-zitate-von-heiligen-und-denkern-ueber-das-verborgene-leben-der-engel-1574.

Hl. Sophronius Eusebius Hieronymus (347-420), Gelehrter und Kirchenlehrer. Er wurde als Sohn wohlhabender christlicher Eltern, die ihn allerdings nicht taufen ließen, geboren. Hieronymus studierte in Mailand und in Rom, wo er am Leben in der Weltstadt teilnahm und sich mehr zu den Philosophen Cicero und Platon hingezogen fühlte, als zur Bibel, bis ihm der Legende zufolge ein Engel im Traum erschien, ihm die Bücher aus der Hand nahm und ihn vor den himmlischen Richter führte, was ihn bekehrte; 366 wurde er getauft.[58]

Hl. Johannes Chrysostomos (349-407), Presbyter in Antiochia und Erzbischof von Konstantinopel, einer der größten christlichen Prediger: «Im Moment der Heiligen Messe umgeben die Engel den Priester und der ganze Altar, der ganze Ort des Opfers erfüllt sich mit himmlischen Mächten, um Gott zu ehren, der dort gegenwärtig ist.»[59]

Hl. Augustinus von Hippo (354-430), römischer Bischof und Kirchenlehrer: «Es war der Stolz, der die Engel zu Dämonen machte; es ist die Demut, die die Menschen wie Engel macht.»[60] «Oh Mensch, lerne

---

58 www.heiligenlexikon.de.

59 CNAdeutsch.de
de.catholicnewsagency.com/story/zehn-zitate-von-heiligen-und-denkern-ueber-das-verborgene-leben-der-engel-1574.

60 CNAdeutsch.de
de.catholicnewsagency.com/story/zehn-zitate-von-heiligen-und-denkern-ueber-das-verborgene-leben-der-engel-1574.

tanzen, sonst wissen die Engel im Himmel nichts mit dir anzufangen.»[61]

Zeugnisse aus dem Mittelalter

Hrabanus Maurus (780-856), Mönch und Abt des Klosters Fulda, Priester und Mainzer Erzbischof, Universalgelehrter, Lehrer und Autor: «Lasst ja die Kinder viel lachen, sonst werden sie böse im Alter! Kinder, die viel lachen, kämpfen auf der Seite der Engel.»[62]

Hl. Bernhard von Clairvaux (1090-1153), Abt, Kirchenlehrer und Mystiker: «Wir sollten unsere Zuneigung für die Engel zeigen, denn eines Tages werden sie unsere Miterben sein, wie hier unten unsere Wächter und Treuhänder, die vom Vater bestimmt und über uns gestellt werden.»[63] «Eine Seele ist nie ohne Geleit der Engel, wissen doch diese erleuchteten Geister, dass unsere Seele mehr Wert hat als die ganze Welt.»[64]

61 www.apohorismen.de.

62 www.gutezitate.com.

63   http://anne.xobor.de/blog-e77158-Heilige-Zitate-die-das-verborgene-Leben-der-Engel-enthuellen.html.

64 A. M. Weigl, Gebetsschatz (St. Grignion-Verlag, Altötting 1984).

Hl. Hildegard von Bingen (1098-1179), Benediktinerin, Äbtissin, Dichterin, Komponistin, Kirchenlehrerin: «Die Seele spricht: Ich bin berufen, die Genossin der Engel zu sein, weil ich der lebendige Hauch bin, den Gott in den trockenen Lehm entsandte.»[65]

Hl. Franz von Assisi (1182-1226), Begründer des Ordens der Minderbrüder und Mitbegründer der Klarissen, über den hl. Erzengel Michael: «Jeder sollte zu Ehren eines solchen Fürsten einen Lobpreis oder ein besonderes Geschenk Gott darbringen.»[66]

Albertus Magnus (um 1200-1280), deutscher Gelehrter und Bischof: «Wegen seiner Heiligkeit wird Josef erwähnt (bei der Engelserscheinung, welche die Flucht nach Ägypten einleitete), damit wir wissen, dass ein so heiliger Mann mit den Engeln vertrauten Umgang habe und deshalb von ihnen häufige Offenbarungen erlange … und wenn er im Schlafe so sicher den Engel erkennt und ihm gläubig vertraut, so müssen wir glauben, dass er die Gabe der Unterscheidung der Geister hatte.»[67]

Hl. Thomas von Aquin (1225-1274), italienischer Dominikaner, Kirchenlehrer, auch Doctor Angelicus genannt: «Sowohl Gottes wie auch des Engels wie auch des Menschen letztes Glück und Glückseligkeit

---

65 www.1000-zitate.de.

66 Thomas von Celano, Vita II, Nr. 196.

67 St. Josef. Zeugnisse der Kirche über ihren Schutzpatron; zusammengestellt von Josef Seeanner und Werner Schmid; Kleinhain, Verlag St. Josef, 2000, S. 53.

ist: Gott zu schauen.» «Nicht jeder, der von einem Engel erleuchtet wird, erkennt, dass er von einem Engel erleuchtet wird.»[68]

Michelangelo Buonarroti (1475-1564), italienischer Maler, Bildhauer, Architekt und Dichter: «Ich habe einen Engel aus Marmor gesehen und habe gemeißelt, bis ich ihn befreit habe.»[69]

Zeugnisse aus der Neuzeit

Hl. Teresa von Ávila (1515-1582), spanische Karmelitin, Mystikerin und heilige Kirchenlehrerin (über ihre Vision): «Der Engel war nicht groß, eher klein, sehr schön, mit einem so leuchtenden Antlitz, dass er allem Anschein nach zu den ganz erhabenen Engeln gehörte, die so aussehen, als stünden sie ganz in Flammen. Es müssen wohl die sein, die man Cherubim nennt, ihre Namen sagen sie mir nämlich nicht. Ich sah in seinen Händen einen langen, goldenen Pfeil, an dessen Spitze mir ein Feuer zu brennen schien. Mir war, als durchbohre er mit diesem Pfeil einige Male mein Herz bis ins Innerste, und als er ihn wieder herauszog, war es mir, als risse er mein innerstes Herz mit heraus. Als er mich verließ, war ich ganz entzündet von brennender Liebe zu Gott.»[70]

---

68 www.gutezitate.com.

69 www.beruehmte-zitate.de.

70 www.1000-zitate.de.

Hl. Robert Bellarmin (1542-1621), Jesuit, Theologe und Kardinal: «Diejenigen, die Gott im Himmel am nächsten stehen, die Seraphim, werden als glühend bezeichnet, weil sie mehr als die anderen Engel ihren Eifer und ihre Glut aus dem starken Feuer Gottes nehmen.»[71]

Hl. Franz von Sales (1567-1622), Fürstbischof von Genf mit Sitz in Annecy, Ordensgründer, Mystiker und Kirchenlehrer: «Gott sagt nicht: Gib mir ein Herz wie das der Engel, sondern: Schenk mir dein Herz. Es ist dein eigenes Herz, das er verlangt; schenk es ihm, so wie es ist. Er will nichts, als was wir sind und was wir haben.»[72]

Angelus Silesius (1624-1677), deutscher Lyriker, Theologe und Arzt: «Der Mensch muss doch was sein! Gott nimmt sein Wesen an: Um aller Engel willen hätt' er solches nicht getan.»[73]

Hl. Alphons von Liguori (1696-1787), italienischer Jurist, Moraltheologe, Bischof und Ordensgründer: «Die Mächte der Hölle werden den sterbenden Christen angreifen; aber sein Engel-Wächter wird kommen, um ihn zu trösten. Seine Gönner und der hl. Michael, der von Gott für die Verteidigung seiner

---

71 CNAdeutsch.de, de.catholicnewsagency.com/story/zehn-zitate-von-heiligen-und-denkern-ueber-das-verborgene-leben-der-engel-1574.

72 www.aphorismen.de.

73 www.gutezitate.com.

treuen Diener in ihrem letzten Kampf mit den Teufeln eingesetzt worden ist, werden ihm zu Hilfe kommen.»[74]

Gottfried August Bürger (1747-1794), deutscher Dichter: «Lass dich vom guten Engel warnen und nicht vom bösen dich umgarnen.»[75]

Friedrich Schiller (1759-1805), Arzt, Dichter, Philosoph und Historiker, in seinem Werk «Die Jungfrau von Orléans»: «Und Hochmut ist's, wodurch die Engel fielen, / Woran der Höllengeist die Menschen fasst.»[76]

Clemens Brentano (1778-1842), deutscher Lyriker und Erzähler: «Von allen Gefährten, die mich begleiteten, ist mir keiner so treu geblieben wie der Schutzengel.»[77]

Hl. Jean-Marie Vianney (1786-1859), Pfarrer von Ars: «Wie glücklich ist der Schutzengel, der eine Seele zur Heiligen Messe begleitet!»[78]

Adalbert Stifter (1805-1868), österreichischer Schriftsteller, Maler und Pädagoge: «Der Schmerz ist

---

74 http://anne.xobor.de/blog-e77158-Heilige-Zitate-die-das-verborgene-Leben-der-Engel-enthuellen.html.

75 www.aphorismen.de.

76 www.aphorismen.de.

77 www.gutezitate.com.

78 CNAdeutsch.de, de.catholicnewsagency.com/story/zehn-zitate-von-heiligen-und-denkern-ueber-das-verborgene-leben-der-engel-1574.

ein heiliger Engel und durch ihn sind die Menschen größer geworden als durch alle Freuden der Welt.»[79]

Hans Christian Andersen (1805-1875), dänischer Märchendichter, schreibt in seinem Märchen «Die Schneekönigin»: «Da betete die kleine Gerda ihr Vaterunser und die Kälte war so stark, dass sie ihren eigenen Atem sehen konnte, wie ein Dampf stand er ihr aus dem Mund; der Atem wurde dichter und dichter und er wurde zu kleinen, lichten Engeln, die größer und größer wurden, sowie sie die Erde berührten; und alle hatten sie einen Helm auf dem Kopf und Speer und Schild in den Händen; es wurden ihrer mehr und mehr, und als Gerda ihr Vaterunser zu Ende gesprochen hatte, war eine ganze Heerschar um sie; sie hieben mit ihren Speeren auf die grausigen Schneeflocken ein, so dass sie in hundert Stücke zerschellten, und die kleine Gerda ging ganz sicher und mutig vorwärts. Die Engel streichelten ihre Füße und Hände und nun fühlte sie weniger, wie kalt es war, und sie ging raschen Schrittes auf das Schloss der Schneekönigin zu.»[80]

Hl. Johannes Bosco (1815-1888), italienischer Jugendseelsorger und Ordensgründer: «Bitte deinen Engel, dass er dich tröste und dir in deinen letzten Momenten helfe.» «Wenn du versucht wirst, rufe deinen Engel an. Er ist bereiter, dir zu helfen, als du bereit bist, dir helfen zu lassen. Ignoriere den Teufel

---

79 www.aphorismen.de.

80 www.aphorismen.de.

und fürchte ihn nicht; denn er zittert und flieht vor dem Blick deines Schutzengels.»[81]

Hl. Papst Pius X. (1835-1914): «Wenn die Engel neidisch sein könnten, würden sie uns um die heilige Kommunion beneiden.»[82]

Khalil Gibran (1883-1931), libanesischer Künstler und Dichter: «Und derjenige, der die Engel und Teufel nicht gesehen hat in den Wundern und Widerwärtigkeiten des Lebens, dessen Herz bleibt ohne Erkenntnis und dessen Seele ohne Verständnis.»[83]

Gilbert Keith Chesterton (1874-1936), englischer Schriftsteller: «Die Engel können fliegen, weil sie sich selbst leicht nehmen.»[84]

Hl. Faustina Kowalska (1905-1938), polnische Ordensschwester und Mystikerin: «Ich habe eine große Verehrung für den hl. Erzengel Michael; er hatte keine Vorbilder im Erfüllen des Willens Gottes und doch erfüllte er treu alle Wünsche Gottes.»[85]

---

81 CNAdeutsch.de, de.catholicnewsagency.com/story/zehn-zitate-von-heiligen-und-denkern-ueber-das-verborgene-leben-der-engel-1574.

82 Ebd.

83 www.gutezitate.com.

84 www.zitate.eu.

85 CNAdeutsch.de, de.catholicnewsagency.com/story/zehn-zitate-von-heiligen-und-denkern-ueber-das-verborgene-leben-der-engel-1574.

Hl. Papst Johannes XXIII (1881-1963). Ein junger Bischof klagte ihm, dass er wegen der schweren Bürde seines Amtes nicht mehr schlafen könne. Johannes XXIII. lächelte und erzählte ihm, dass es ihm als neu gewähltem Papst ebenso ergangen sei. Aber dann sei ihm im Traum ein Engel erschienen. Dem habe er seine Not erzählt, worauf der Engel ihm antwortete: «Giovanni, nimm dich nicht so wichtig!» – «Seither», sagte er zu dem bedrückten Bischof, «kann ich wunderbar schlafen.»[86]

Werner Bergengruen (1892-1964), deutschbaltischer Schriftsteller: «Lass mich, Engel, nicht allein, wenn die letzte Nacht sich rötet. Dass den Tod das Leben tötet, präge jeder Ader ein. Engel, lass mich nicht allein.»[87]

Hl. Pio von Pietrelcina (1887-1968), bekannt als Pater Pio, war Kapuziner und Ordenspriester. Wenn Pater Pio beispielsweise einen Brief auf Französisch erhielt, soll der Schutzengel als Übersetzer fungiert haben. Einmal schrieb Pater Pio: «Wenn die Aufgaben unseres Schutzengels generell wichtig sind, so sind die des Meinen sicher noch umfassender, weil er auch Übersetzer für andere Sprachen ist» (Brief I, 304). Der heilige Kapuziner schrieb: «Nachts, wenn ich die Augen schließe, sehe ich, wie der Schleier sich senkt und sich mir das Paradies öffnet; und getröstet durch diese Vision schlafe ich mit einem Lächeln süßen Glücks

---

86 Pfarre Schärding: Papst Johannes XXII. (dioezese-linz.at).

87 www.beruehmte-zitate.de.

auf meinen Lippen und mit großer Ruhe auf meiner Stirn ein und warte darauf, dass der kleine Begleiter meiner Kindheit mich aufweckt und wir so gemeinsam dem Geliebten unseres Herzens das Morgenlob anstimmen» (Brief I, 308).

«Wenn du mich brauchst, dann schick mir deinen Schutzengel», sagte der Heilige gewöhnlich zu seinen geistigen Kindern. Eines Tages trat der Kapuzinerpater Alessio Parente mit verschiedenen Briefen in der Hand an Pater Pio heran und wollte ihn um Rat fragen. Aber Pater Pio konnte sich nicht darum kümmern. Später rief ihn der stigmatisierte Pater Pio und sagte: «Hast du nicht all die Engel gesehen, die hier um mich herum waren? Es waren die Schutzengel meiner geistigen Kinder, die kamen, um mir ihre Botschaften zu überbringen. Ich musste ihnen schnell Antwort geben.» Pater Pio hatte stets diese «Botenrolle» des Schutzengels anerkannt und war dankbar dafür; deshalb empfahl er auch die Andacht zu den Schutzengeln.[88]

Kardinal Charles Journet (1891-1975): «Die Engel offenbaren sich – aber nur jenen, die sie lieben und anrufen.»[89]

88de.catholicnewsagency.com/story/fuenf-dinge-diesie-vielleicht-nicht-ueber-pater-pio-und-seinen-schutzengelwussten-5090; übersetzt von Susanne Finner aus dem spanischen Original, das bei ACI Prensa erschien.

89 A. M. Weigl, Gebetsschatz, St. Grignion, Altötting 1984.

Peter Bamm (1897-1975), deutscher Schiffsarzt, Chirurg, Journalist und Schriftsteller: «Dämonen lärmen! Engel verrichten still ihr Werk.»[90]

Hl. Josefmaria Escrivá (1902-1975), Gründer des Opus Dei (Gründung am 2. Oktober 1928, Schutzengelfest), ermutigte die Menschen dazu, die Freundschaft mit dem Schutzengel zu fördern und zu behüten.

Bischof Alvaro del Portillo, der 40 Jahre lang engster Mitarbeiter von Josefmaria Escrivá und 19 Jahre lang dessen Nachfolger war, erzählt eine außerordentliche Episode aus dem Leben des Heiligen: «Eines Tages, in Madrid, in den 30er-Jahren, als er die Straße Atocha hinunterging, stürzte sich ein Fremder mit einem wütenden Aussehen auf ihn und versuchte, ihn zu schlagen. Im selben Moment kam ihm eine andere Person zuvor – noch unerwarteter als die erste –, um ihn zu verteidigen.

Sobald er ihn aus der Gefahr gebracht hatte, sagte er dem Vater ins Ohr: ‚Räudiges Eselchen, räudiges Eselchen!' Der Vater wies mich darauf hin, dass er diesen Ausdruck, mit dem er sich selbst bezeichnete, nur in seinem persönlichen Gebet, in seinen Gewissensnotizen und bei seinem Beichtvater verwendet hatte. Der Vater hatte keinen Zweifel daran, dass dieses seltsame Ereignis, das sich um zwölf Uhr morgens an einem helllichten Tag ereignete, ein Angriff des Teufels, und die Verteidigung eine Hilfe seines Schutzengels gewesen war.»[91]

---

90 www.zitate.eu.

91 ROMANA. POSTULACIÓN DE LA CAUSA DE BE-

Ein Erzengel für den priesterlichen Dienst

Ein anderes Mal, anlässlich eines Interviews, erzählte Bischof Alvaro del Portillo: «Ja, seine Eltern haben ihm den Umgang mit seinem Schutzengel beigebracht. Als Seminarist las er dann bei einem Kirchenvater, dass jedem Priester neben seinem Schutzengel noch ein Erzengel für den priesterlichen Dienst beigegeben sei. Vom Weihetag an wandte er sich einfach und vertrauensvoll an ihn und er sagte, selbst wenn sich jener Autor geirrt haben sollte, hätte ihm der Herr wohl solch einen Erzengel zur Seite gestellt, da er mit derart viel Glauben zu ihm gebetet habe.

Wenn er den Herrn im Tabernakel aufsuchte, dankte er stets den Engeln, die dort anwesend sind, für ihre fortwährende Anbetung Gottes. Mehr als einmal sagte er: ,Wenn ich in eine unserer Kapellen gehe, wo ein Tabernakel ist, dann sage ich Jesus, dass ich ihn liebe, und rufe die Dreifaltigkeit an. Und dann danke ich den Engeln, die den Tabernakel bewachen und Christus in der Eucharistie anbeten.'

Er begrüßte zuerst den Schutzengel der Person

Heroisch und beständig öffnete sich der hl. Josefmaria der Gnade, die Gott ihm schenkte, und erwarb so auch die Gewohnheit, wenn er mit jemandem

ATIFICACIÓN Y CANONIZACIÓN DEL SIERVO DE DIOS. JOSEMARÍA ESCRIVÁ DE BALAGUER, Sacerdote, Fundador del Opus Dei. ARTÍCULOS DEL POSTULADOR, Roma 1979, p. 380.

zusammentraf, immer zuerst dessen Schutzengel zu begrüßen, die ‚Persönlichkeit', wie er sagte. Einmal besuchte ihn der Erzbischof von Valencia zusammen mit seinem Sekretär. Es muss 1972 oder 1973 gewesen sein. Ich war ebenfalls dabei. Der Erzbischof und der Vater waren gute Freunde und nach der Begrüßung fragte ihn scherzend der Vater: ‚Don Marcelino, wen habe ich soeben zuerst begrüßt?' Der Erzbischof: ‚Na mich.' Der Vater: ‚Falsch, zuerst habe ich die Persönlichkeit begrüßt!' Don Marcelino war etwas perplex: ‚Aber unter uns, meinem Sekretär und mir, bin doch ich die Persönlichkeit.' Darauf der Vater: ‚Nein, die Persönlichkeit ist Ihr Schutzengel.'»[92]

Der Schutzengel im Buch «Der Weg»

In seinem Büchlein «Der Weg» widmet er die Punkte 562-570 den Engeln. In Punkt 562 steht: «Du sollst mit deinem Schutzengel auf gutem Fuß stehen. Behandle ihn wie einen guten Freund, denn das ist er. Er wird dir manchen Dienst erweisen bei den alltäglichen Angelegenheiten.» Und in Punkt 564 lesen wir: «Wenn du dir der Gegenwart deines Engels und der Beschützer deiner Nächsten bewusst wärest, würdest du manche Dummheit vermeiden, die dir in der Unterhaltung unterläuft.»

Hl. Papst Johannes Paul I. (1912-1978): «Wir sind in der Tat eine Art Engel, der keine Flügel mehr hat;

---

92 Vgl. www.opusdei.org/de-ch/article/der-hl-josefma-ria-und-die-schutzengel/.

aber wir erinnern uns daran, dass wir sie einmal hatten, und wenn wir daran glauben, sie wiederzubekommen, dann werden wir von der Hoffnung verwandelt.»[93]

Hl. Papst Johannes Paul II. (1920-2005): «Die Engel haben keinen Körper. Sie können allerdings unter bestimmten Umständen aufgrund ihrer Sendung zugunsten des Menschen in sichtbarer Gestalt erscheinen.»[94]

Papst Benedikt XVI. (1927-2022): «Im Buch Tobit wird von zwei sinnbildlichen Heilungsaufgaben des Erzengels Rafael berichtet. Er heilt die gestörte Gemeinschaft zwischen Mann und Frau. Er heilt ihre Liebe. Er treibt die Dämonen aus, die immer wieder ihre Liebe angreifen und sie zerstören. Er reinigt die Atmosphäre zwischen den beiden und schenkt ihnen die Fähigkeit, sich für immer gegenseitig anzunehmen.»[95]

Ingrid Gräfin zu Solms-Wildenfels (geb. 1933), deutsche Medizinerin: «Oft erleiden wir Schiffbruch, ohne unterzugehen, oft stürzen wir von Klippen, ohne zu zerschellen, oft öffnet sich die Erde, ohne uns zu verschlingen, oft fängt uns der Engel auf, ohne dass wir danken.»[96]

---

93 www.aphorismen.de.

94 www.aphorismen.de.

95 Weihe von sechs neuernannten Bischöfen am Fest der Erzengel Michael, Gabriel und Rafael. Predigt von Benedikt XVI., Petersdom, 29. September 2007. Copyright © Dicastero per la Comunicazione - Libreria Editrice Vaticana.

96 www.gutezitate.com.

Jostein Gaarder (geb. 1952), norwegischer Schriftsteller: «Ich war schon oft draußen im Weltraum», protzte der Kosmonaut, «aber ich habe weder Gott noch Engel gesehen.» – «Und ich habe schon viele kluge Gehirne operiert», antwortete der Gehirnforscher, «aber ich habe nirgendwo auch nur einen einzigen Gedanken entdeckt.»[97]

Apostolisches Schreiben «Patris Corde»

Im Apostolischen Schreiben «Patris Corde» vom 8. Dezember 2020 erläutert uns **Papst Franziskus** (geb. 1936) den prompten Gehorsam des hl. Josef seinem Engel gegenüber in vier Träumen:[98]

Im ersten Traum hilft ihm der Engel, einen Ausweg aus seinem ernsten Dilemma zu finden: «Fürchte dich nicht, Maria als deine Frau zu dir zu nehmen; denn das Kind, das sie erwartet, ist vom Heiligen Geist. Sie wird einen Sohn gebären; ihm sollst du den Namen Jesus geben; denn er wird sein Volk von seinen Sünden erlösen» (Mt 1,20-21). Unverzüglich erfolgte seine Antwort: «Als Josef erwachte, tat er, was der Engel des Herrn ihm befohlen hatte» (Mt 1,24). Im Gehorsam überwand er sein Dilemma und rettete Maria.

Im zweiten Traum gebietet der Engel Josef: «Steh auf, nimm das Kind und seine Mutter und flieh nach Ägypten; dort bleibe, bis ich dir etwas anderes auftrage; denn Herodes wird das Kind suchen, um es zu töten»

97 www.zitate.de

98 Copyright © Dicastero per la Comunicazione – Libreria Editrice Vaticana.

(Mt 2,13). Josef gehorchte, ohne zu zögern und ohne die Schwierigkeiten zu hinterfragen, auf die er stoßen würde: «Da stand Josef auf und floh in der Nacht mit dem Kind und dessen Mutter nach Ägypten. Dort blieb er bis zum Tod des Herodes» (Mt 2,14-15).

In Ägypten wartete Josef zuversichtlich und geduldig mit der Rückkehr in sein Land, bis die versprochene Nachricht des Engels bei ihm eintraf. Als der göttliche Bote ihm in einem dritten Traum mitgeteilt hatte, dass diejenigen, die das Kind töten wollten, nun tot seien, und ihm befohlen hatte, aufzustehen und das Kind und seine Mutter zu nehmen und in das Land Israel zurückzukehren (vgl. Mt 2,19-20), gehorchte er abermals, ohne zu zögern: «Da stand er auf und zog mit dem Kind und dessen Mutter in das Land Israel» (Mt 2,21).

Als Josef aber auf der Rückreise «hörte, dass in Judäa Archelaus anstelle seines Vaters Herodes regierte, fürchtete er sich, dorthin zu gehen. Und weil er im Traum einen Befehl erhalten hatte» – und es ist dies das vierte Mal –, «zog er in das Gebiet von Galiläa und ließ sich in einer Stadt namens Nazareth nieder» (Mt 2,22-23).

Neun Tipps für die Freundschaft mit dem Schutzengel

1. Sprich mit ihm, denn er kennt dein Innerstes nicht so, wie Gott es kennt

Wir Geschöpfe sind unzulänglich und unbeständig. Wir marschieren auf der Straße Richtung Heimat, wo wir von vielen Gefahren bedroht werden, innerlich wie äußerlich. Der Teufel versucht, uns mit seinen ausgeklügelten Methoden – und meist im Tarngewand – stetig, so wie das Wasser den Stein höhlt, vom Weg abzubringen.

Doch unser Schutzengel begleitet uns stets. Es ist aber notwendig, dass wir ihm unsere Anliegen innerlich klar formulieren, damit er genau weiß, was wir brauchen. Unser Schutzengel kann nicht wie Gott in unser Inneres eindringen und uns verstehen, ohne dass wir ihm unser Anliegen wenigstens innerlich kundtun. Wenn wir uns aber an ihn richten und unsere Anliegen aussprechen, kann er uns besser verstehen als wir uns selbst.

2. Sei liebenswürdig zu ihm, achte ihn hoch

Freundschaften muss man pflegen, sonst zerbrechen sie. Der Umgang mit unserem Schutzengel soll freundlich und liebenswürdig sein, wissend, dass er uns unendlich überlegen und Gott viel näher ist. Seine

Wirksamkeit ist viel größer als die eines natürlichen Freundes. Seine Ratschläge kommen direkt von Gott und dringen tiefer in uns ein als die menschliche Stimme.

Die Fähigkeit des Engels, uns zu hören, zu verstehen und uns zu helfen, ist der des treuesten Freundes weit überlegen, nicht nur, weil er ständig an unserer Seite ist, sondern auch, weil er viel tiefer in das, was wir sagen, eindringt und uns unendlich viel besser kennt, ja seit unserer Zeugung bei uns ist.

3. Höre auf ihn und tue, was er dir sagt

Gott allein kann uns von innen heraus bewegen, aber der Engel als reiner Geist im Zustand der Gnade hat eine große Fähigkeit, uns indirekt zu beeinflussen und zu helfen, unser endgültiges Ziel zu erreichen. Durch sein Eingreifen sehen wir alles im Licht und er lässt uns auch die Mittel sehen, die wir in jedem Augenblick in die Praxis umsetzen müssen. Da wir ihn jedoch nicht sehen können und er meist auch nicht laut spricht, ist es viel schwieriger, ihn zu hören.

Er spricht öfter zu uns, als wir es bemerken, weil wir nicht auf ihn hören, sondern unsere Ohren und Augen meist nach außen richten. Sogar, wenn wir den Herrn in irgendeiner Weise enttäuscht haben, erleichtert uns der Schutzengel die notwendige Reue. Er weiß, dass es in den Tiefen unseres Gewissens etwas gibt, das uns den Frieden raubt.

4. Höre auf seine Warnungen

Darin besteht das Amt des Schutzengels: uns zu unterstützen, damit wir eines Tages zu Gott gelangen. Uns zu warnen, wenn wir vom Weg abkommen. Uns zu ermutigen, im inneren Leben zu wachsen, im ständigen kontemplativen Dialog mit Gott zu leben. Und so sind die Engel denen ganz nah, die beten, und erfreuen sich an denen, die sich Gott anvertrauen und schenken.

5. Lasse dich gern von ihm überreden

Seine Wirksamkeit ist größer, als wir uns vorstellen können. Der Engel kann unsere Vorstellungskraft direkt, ohne Worte, erreichen und Bilder, Erinnerungen oder Eindrücke in uns wecken, die uns das übernatürliche Leben vor Augen stellen und uns helfen, den Weg dahin zu gehen. Das Eingreifen des Schutzengels geht sogar noch weiter: Die Engel können unseren Willen beeinflussen, und zwar durch Überzeugung – niemals durch Zwang –, wenn sie unserer Intelligenz den Willen Gottes als ein höchst liebenswürdiges Gut, als einen Weg des Friedens und der Freude vorstellen, und auch, wenn sie unsere Leidenschaften für das Gute gewinnen können.

6. Bitte ihn um das, was du nötig hast

Während unseres Gebetes kann uns der Schutzengel beistehen, um Ablenkungen von uns fernzuhalten und uns auf den Dialog mit dem Herrn zu konzentrieren.

Wir dürfen ihn aber auch um seine Hilfe bitten bei den tausend Kleinigkeiten des täglichen Lebens wie bei der Parkplatzsuche, beim Verlust des Eherings (nicht unbedeutend!) oder des Hörgerätes, vor einer Prüfung oder vor einem heiklen Gespräch. Außerdem wacht der Schutzengel auch über unsere körperliche Sicherheit. Der Herr versichert uns ja, dass selbst die Haare auf unserem Kopf gezählt sind.

7. Sprich auch die anderen Schutzengel an

Wir dürfen uns auch an die Schutzengel unseres Ehepartners, unserer Kinder und Eltern, unserer Brüder und Schwestern wenden, damit sie ihnen beistehen und sie sicher an einen bestimmten Ort und in den Himmel geleiten. Oder an den Schutzengel anderer Menschen, die unseren Weg kreuzen, damit er sie in den Himmel geleite. Oder an die Schutzengel unserer Gesprächspartner oder Arbeitskollegen, damit die Gespräche fruchtbar seien. Oder an die von Menschen, die von uns entfernt leben, wenn wir ihnen den Schutz des Schutzengels schicken möchten.

8. Verbünde dich mit dem Schutzengel deines Gegenübers

In unserer Mission, das Reich Gottes zu verkünden und den Menschen Gottes Barmherzigkeit zu bringen, ist uns der Schutzengel ein besonders treuer und aufmerksamer Verbündeter. Sein größter Wunsch ist es, dass alle Menschen einst Gottes Antlitz sehen, also warum sollte er uns in dieser Aufgabe nicht beistehen?

Wenn wir also jemandem Gottes Liebe zeigen möchten, dürfen wir uns an dessen Schutzengel wenden, damit er uns in dieser Aufgabe erleuchte und unterstütze und die Person günstig stimme, damit sie die Eingebungen des Heiligen Geistes höre und befolge.

9. Bedanke dich bei Gott und bei ihm

Wir dürfen unendlich dankbar sein für diesen persönlichen Begleiter, der Gott von Angesicht sieht und uns durch die Stürme des Lebens an den sicheren Hafen geleiten möchte. Die Sendung des Schutzengels beginnt auf der Erde, wird aber im Himmel ihre Erfüllung finden, denn die Freundschaft mit unserem Engel ist dazu berufen, ewig zu bestehen. Seine Mission ist so persönlich, so eng mit jeder einzelnen Seele verbunden, dass die Bande der übernatürlichen Freundschaft, die auf der Erde geknüpft wurden, für immer im Himmel bestehen bleiben.

Ideen für die beiden Kapitel «Engel in der Heiligen Schrift» und «Neun Tipps für die Freundschaft mit dem Schutzengel» entstammen dem Heft: «Cuadernos – 6. Piedad y doctrina», Roma 1985, Apud Collegii Romani Sanctae Crucis; cap. El Ángel Custodio, p. 121-131.

Die Überwindung des Satans

Der Teufel existiert, er ist ein gefallener Engel. In der Generalaudienz vom 20. August 1986 sprach Papst Johannes Paul II. über die Rebellion des Satans gegen Gott. Der Teufel war ursprünglich ein Engel. Auf Grund seiner geschöpflichen Freiheit haben er und sein Anhang jedoch eine ebenso radikale und irreversible Wahl getroffen wie die guten Engel, jedoch dieser diametral entgegengesetzt: Statt Gott liebevoll anzunehmen und IHM zu vertrauen, haben sie ihm eine Absage erteilt, die bestimmt war vom irrigen Gedanken ihrer Unabhängigkeit, von Ablehnung und sogar von Hass, der sich schließlich in Rebellion verwandelte. Der Teufel hat aber nicht das letzte Wort. Hier ein Auszug aus der Generalaudienz vom 20. August 1986.

Macht Gottes über den Satan

1. Der Böse war sicherlich nicht von Gott, der höchsten Liebe und Heiligkeit, gewollt, und die weise und starke göttliche Vorsehung weiß unser Dasein zum Sieg über den Fürsten der Finsternis zu führen. Der Glaube der Kirche lehrt uns ja, dass die Macht des Satans nicht unendlich ist. Er ist nur ein Geschöpf, als reines Geistwesen zwar mächtig, aber doch immer ein Geschöpf, mit den Grenzen des Geschöpfes, dem Willen und der Herrschaft Gottes unterworfen. Wenn der Satan in der Welt aus Hass gegen Gott und sein

Reich am Werk ist, dann ist ihm das von der göttlichen Vorsehung zugestanden, die mit Macht und Güte («fortiter et suaviter») die Geschichte des Menschen und der Welt lenkt.

Wenn die Machenschaften des Satans gewiss auch den Einzelnen und der Gesellschaft viel Schaden zufügen – geistiger und indirekt auch körperlicher Natur –, so ist er aber doch nicht imstande, die endgültige Bestimmung, auf die hin der Mensch und die ganze Schöpfung angelegt sind, nämlich das Gute, zunichtezumachen.

Er kann den Aufbau des Gottesreiches nicht verhindern, in welchem am Ende die Gerechtigkeit und Liebe des Vaters zu den von Ewigkeit her im Sohn, dem göttlichen Wort, vorherbestimmten Geschöpfen zu voller Verwirklichung kommen. Wir können sogar mit dem hl. Paulus sagen, dass selbst das Werk des Bösen schließlich zum Guten führt (vgl. Röm 8,28) und den Auserwählten zum Ruhm gereicht.

Der Auferstandene ist der Stärkere

2. So kann die ganze Geschichte der Menschheit im Dienst der sich vollziehenden allumfassenden Erlösung gesehen werden, die geprägt ist vom Sieg Christi über den «Herrscher dieser Welt» (Joh 12,31; 14,30; 16,11). «Vor dem Herrn, deinem Gott, sollst du dich niederwerfen und ihm allein dienen» (Lk 4,8), ist die unumstößliche Antwort Christi an den Satan.

In einem dramatischen Augenblick seines Dienstes, als ihn jemand herausfordernd beschuldigte, die

Dämonen auszutreiben, weil er mit Beelzebub, dem Anführer der Dämonen, verbündet sei, antwortet Jesus mit den ernsten und doch auch tröstlichen Worten: «Jedes Reich, das in sich gespalten ist, geht zugrunde, und keine Stadt und keine Familie, die in sich gespalten ist, wird Bestand haben. Wenn also der Satan den Satan austreibt, dann liegt der Satan mit sich selbst im Streit. Wie kann sein Reich dann Bestand haben? … Wenn ich aber die Dämonen durch den Geist Gottes austreibe, dann ist das Reich Gottes schon zu euch gekommen» (Mt 12,25-26.28).

«Solange ein bewaffneter starker Mann seinen Hof bewacht, ist sein Besitz sicher; wenn ihn aber ein Stärkerer angreift und besiegt, dann nimmt ihm der Stärkere all seine Waffen weg, auf die er sich verlassen hat, und verteilt die Beute» (Lk 11,21-22). Die Worte, die Christus in Bezug auf den Satan sprach, finden ihre geschichtliche Erfüllung im Kreuz und in der Auferstehung des Erlösers. Wie wir im Brief an die Hebräer lesen, hat Christus das menschliche Dasein geteilt bis hin zum Kreuz, «um durch seinen Tod den zu entmachten, der die Gewalt über den Tod hat, nämlich den Teufel, und um die zu befreien, die … der Knechtschaft verfallen waren» (Hebr 2,14-15).

Das ist die große Gewissheit des christlichen Glaubens: «Der Herrscher dieser Welt ist gerichtet» (Joh 16,11); «der Sohn Gottes ist erschienen, um die Werke des Teufels zu zerstören» (1 Joh 3,8), wie uns der hl. Johannes bestätigt. Christus, der Gekreuzigte und Auferstandene, hat sich also als jener «Stärkere» geoffenbart, der den «starken Mann», den Teufel, besiegt und dem er die Gewalt genommen hat.

Die Kirche hat Anteil am Sieg Christi über den Teufel: Christus hat in der Tat seinen Jüngern die Gewalt gegeben, Dämonen auszutreiben (vgl. Mt 10,1 und parallel Mk 16,17). Die Kirche übt diese sieghafte Gewalt aus durch den Glauben an Christus und durch das Gebet (vgl. Mk 9,29; Mt 17,19f), das in bestimmten Fällen die Form des Exorzismus annehmen kann.

Kampf um den endgültigen Sieg

3. Diese geschichtliche Phase des Sieges Christi ist von der Ankündigung und dem Beginn des Endsieges, der Parusie, geprägt, des zweiten und endgültigen Kommens Christi am Schluss der Geschichte, auf das hin das Leben des Christen entworfen ist. Wenn es auch wahr ist, dass die irdische Geschichte weiterhin abläuft unter dem Einfluss «jenes Geistes, der» – wie der hl. Paulus sagt – «in den Ungehorsamen wirksam ist» (Eph 2,2), so wissen die Gläubigen doch, dass sie dazu berufen sind, für den endgültigen Sieg des Guten zu kämpfen: «Denn wir haben nicht gegen Menschen aus Fleisch und Blut zu kämpfen, sondern gegen die Fürsten und Gewalten, gegen die Beherrscher dieser finsteren Welt, gegen die bösen Geister des himmlischen Bereichs» (Eph 6,12).

Der Sieg des Guten

4. Der Kampf wird allmählich, wenn es dem Ende zugeht, in gewissem Sinn immer heftiger, wie es vor

allem die Offenbarung des hl. Johannes hervorhebt, das letzte Buch des Neuen Testamentes (vgl. Offb 12,7-9). Aber gerade dieses Buch betont die Gewissheit, die uns von der ganzen göttlichen Offenbarung gegeben ist: dass nämlich der Kampf mit dem endgültigen Sieg des Guten endet. In diesem Sieg, der bereits im Voraus im Ostergeheimnis Christi enthalten ist, erfüllt sich definitiv die erste Ankündigung aus dem Buch Genesis, die den bezeichnenden Namen Protoevangelium trägt.

Darin hält Gott der Schlange entgegen: «Feindschaft setze ich zwischen dich und die Frau» (Gen 3,15). In dieser entscheidenden Phase wird Gott das Geheimnis seiner väterlichen Vorsehung zur Vollendung bringen und jene «der Macht der Finsternis entreißen», die er ewig «in Christus vorausbestimmt hat», und wird sie «in das Reich seines geliebten Sohnes aufnehmen» (vgl. Kol 1,13-14). Dann wird der Sohn dem Vater auch das ganze Universum unterwerfen, damit «Gott herrscht über alles und in allem» (1 Kor 15,28).

Die guten Engel helfen uns kräftig

5. Wir haben Licht empfangen über eines der größten Probleme, die den Menschen beunruhigen und von denen seine Suche nach der Wahrheit erfüllt ist: das Problem des Leidens und des Bösen. An dessen Wurzel steht nicht eine Fehlentscheidung von Seiten Gottes, sondern sein Wunsch und in gewisser Weise sein Wagnis, uns als Freie zu erschaffen, um uns als Freunde zu haben.

Aus der Freiheit ist das Böse hervorgegangen. Aber Gott gibt nicht nach und in seiner transzendenten Weisheit bestimmt er uns zu seinen Söhnen und Töchtern in Christus und leitet alles mit Macht und Milde, damit das Gute nicht vom Bösen besiegt wird.

Nun müssen wir uns von der göttlichen Offenbarung bei der Untersuchung anderer Geheimnisse unserer Erlösung führen lassen. Einstweilen haben wir eine Wahrheit in uns aufgenommen, die jedem Christen am Herzen liegen muss: die Existenz reiner Geistwesen, Geschöpfe Gottes, die im Anfang alle gut waren und sich dann durch eine sündhafte Entscheidung der einen unwiderruflich in Engel des Lichtes und Engel der Finsternis getrennt haben.

Und während die Existenz der bösen Engel uns zur Wachsamkeit aufruft, damit wir nicht ihren Verlockungen nachgeben, sind wir gewiss, dass die siegreiche Macht Christi, des Erlösers, unser Leben umgibt, damit auch wir siegen. Dabei helfen uns kräftig die guten Engel, die Boten der Liebe Gottes, an die wir unser Gebet richten, wie es die Überlieferung der Kirche uns lehrt: «Engel Gottes, mein Beschützer, erleuchte, bewahre, leite und regiere mich, der ich von Gottes Vatergüte dir anvertraut bin. Amen.»

Hl. Erzengel Michael – Beschützer und Verteidiger der Kirche

Am 24. Mai 1987, also einige Monate später, hielt Papst Johannes Paul II. zum Abschluss der Engelkatechesen eine Generalaudienz über den hl. Erzengel Michael, und zwar auf dem Monte Gargano in Italien, wo der hl. Erzengel Michael zwischen 493 und 1656 viermal erschienen war. Abschließend lesen wir die Worte von Papst Johannes Paul II. über den hl. Erzengel Michael, den Beschützer und Verteidiger der Kirche (Generalaudienz vom 24. Mai 1987):

Begrüßung

1. Es ist mir eine Freude, heute (24. Mai 1987) in eurer Mitte zu weilen im Schatten dieses dem Erzengel Michael geweihten Heiligtums, das seit 15 Jahrhunderten Ziel von Pilgerfahrten und Bezugspunkt derer ist, die Gott suchen und Christus nachfolgen wollen, «denn in Ihm wurde alles erschaffen im Himmel und auf Erden, das Sichtbare und das Unsichtbare, Throne und Herrschaften, Mächte und Gewalten» (Kol 1,16). Herzlich grüße ich euch alle, ihr Pilger, die ihr aus dem Umkreis des Gargano, dieses wunderbaren Gebirgszuges, gekommen seid, der dem Blick des Besuchers reizvolle Ausblicke auf die liebliche, blühende Landschaft mit ihren charakteristischen Gruppen knorriger Ölbäume auf den Felsen bietet ...

2. Wie einst viele meiner Vorgänger auf dem Stuhl Petri bin auch ich hierher gekommen, um einen Augenblick lang die diesem Heiligtum eigene Atmosphäre – Schweigen, Gebet und Buße – zu genießen; ich bin gekommen, um den Erzengel Michael zu verehren und ihn anzurufen, damit er die Kirche in einem Moment schütze und verteidige, in dem es schwierig ist, ein authentisches christliches Zeugnis ohne Kompromisse oder Halbheiten zu geben.

Seit Papst Gelasius I. im Jahr 493 gestattete, die Grotte der Erscheinungen des Erzengels Michael als Gottesdienststätte zu gestalten, ihr auch selbst seinen ersten Besuch abstattete und dabei den Ablass «Perdono angelico» gewährte, sind viele Päpste seinen Spuren gefolgt und haben diesen heiligen Ort verehrt. Zu ihnen zählt man Agapitus I., Leo IX., Urban II., Innozenz II., Coelestin III., Urban VI., Gregor IX., den hl. Petrus Coelestinus und Benedikt IX.

Auch zahlreiche Heilige sind hierhergekommen, um Kraft und Trost zu schöpfen: Ich möchte den hl. Bernhard, den hl. Wilhelm von Vercelli – den Gründer der Abtei Montevergine –, den hl. Thomas von Aquin und die hl. Katharina von Siena nennen. Mit Recht berühmt geworden und immer noch in lebhafter Erinnerung ist der Besuch des hl. Franz von Assisi, der zur Vorbereitung auf die Fastenzeit 1221 hierherkam. Die Überlieferung berichtet, dass er, der sich nicht für würdig hielt, in die heilige Grotte einzutreten, bei ihrem Eingang stehen blieb und auf einem Stein ein Kreuzzeichen einritzte.

Kampf des hl. Michael mit dem Drachen

Dieser lebendige und nie unterbrochene Strom berühmter und einfacher Pilger, der seit dem Hochmittelalter bis in unsere Tage aus diesem Heiligtum einen Ort der Begegnung im Gebet und der Stärkung des christlichen Glaubens gemacht hat, bezeugt, wie sehr die Gestalt des Erzengels Michael, Hauptfigur vieler Seiten des Alten und Neuen Testaments, vom Volk verehrt und angerufen wird und wie sehr die Kirche seines himmlischen Schutzes bedarf, des Schutzes dessen, der in der Bibel als der große Kämpfer gegen den Drachen, den Anführer der Dämonen, vorgestellt wird.

Wir lesen in der Offenbarung: «Da entbrannte im Himmel ein Kampf; Michael und seine Engel erhoben sich, um mit dem Drachen zu kämpfen. Der Drache und seine Engel kämpften, aber sie konnten sich nicht halten und sie verloren ihren Platz im Himmel. Er wurde gestürzt, der große Drache, die alte Schlange, die Teufel und Satan heißt und die ganze Welt verführt; der Drache wurde auf die Erde gestürzt und mit ihm wurden seine Engel hinabgeworfen» (Offb 12,7-9).

Der Autor des heiligen Textes legt uns in dieser dramatischen Beschreibung den Fall des ersten Engels vor, der vom Ehrgeiz verführt wurde, «wie Gott» zu werden. So erklärt sich auch die Reaktion des Erzengels Michael, dessen hebräischer Name «Wer ist wie Gott?» das Eintreten für die Einzigkeit und Unverletzbarkeit Gottes zum Ausdruck bringt.

3. Die Angaben der Offenbarung über die Persönlichkeit und die Rolle des heiligen Erzengels Michael sind zwar lückenhaft, aber sehr beredt. Er ist der Erzengel (vgl. Jud 1,9), der sich für die unveräußerlichen Rechte Gottes einsetzt. Er ist «der große Engelfürst, der für die Söhne des Gottesvolkes eintritt» (Dan 12,1), aus dem der Erlöser hervorgehen wird. Das neue Volk Gottes ist jetzt die Kirche. Das ist nun der Grund, warum sie Michael als ihren Beschützer und Helfer in all ihren Kämpfen für die Verteidigung und Ausbreitung des Reiches Gottes auf Erden betrachtet. Wenn auch, der Versicherung des Herrn gemäß, «die Mächte der Unterwelt sie nicht überwältigen werden» (Mt 16,18), so bedeutet das jedoch nicht, dass wir keine Prüfungen und Kämpfe gegen die Hinterlist des Bösen zu bestehen haben. In diesem Kampf steht der Erzengel Michael der Kirche zur Seite, um sie gegen alle Bosheiten der Welt zu verteidigen und den Gläubigen beim Widerstand gegen den Dämon beizustehen, der «wie ein brüllender Löwe umhergeht und sucht, wen er verschlingen kann» (1 Petr 5,8).

Dieser Kampf gegen den Dämon, der die Gestalt des Erzengels Michael kennzeichnet, ist auch heute aktuell, weil der Dämon noch immer lebt und in der Welt wirkt. Tatsächlich, das Böse, das sich in ihr findet, die Unordnung in der Gesellschaft, die Widersprüchlichkeit des Menschen, die innere Zerbrochenheit, deren Opfer er ist, sind nicht nur Folgen der Erbsünde, sondern auch des verheerenden und dunklen Wirkens Satans, dieses hinterlistigen Feindes des moralischen Gleichgewichtes des Menschen, den der hl. Paulus entschieden als den «Gott dieser Weltzeit» (2 Kor 4,4) bezeichnet, da er sich als gerissener Betörer kundtut, der es versteht, sich ins Spiel unseres Handelns einzuschleichen, um dort Abweichungen zu bewirken, die ebenso schädlich wie unseren instinktiven Wünschen scheinbar gemäß sind.

Warnung vor dem gerissenen Betörer

Deshalb warnt der Völkerapostel die Christen vor den Hinterhalten des Dämons und seines zahlreichen Gefolges, wenn er die Bewohner von Ephesus auffordert: «Zieht die Rüstung Gottes an, damit ihr den listigen Anschlägen des Teufels widerstehen könnt. Denn wir haben nicht gegen Menschen aus Fleisch und Blut zu kämpfen, sondern gegen die Fürsten und Gewalten, gegen die Beherrscher dieser finsteren Welt, gegen die bösen Geister des himmlischen Bereichs» (Eph 6,11-12).

An diesen Kampf erinnert die Gestalt des Erzengels Michael, dem die Kirche sowohl des Ostens als auch des Westens stets besondere Verehrung entgegengebracht hat. Wie bekannt, errichtete Konstantin das erste ihm geweihte Heiligtum in Konstantinopel: das berühmte Michaëlion, dem in jener neuen Hauptstadt des Reiches zahlreiche andere dem Erzengel geweihte Kirchen folgten. Im Westen verbreitete sich die Verehrung des heiligen Erzengels Michael vom 5. Jahrhundert an in vielen Städten: in Rom, Mailand, Piacenza, Genua und Venedig; die berühmteste der vielen Verehrungsstätten ist jedoch sicher die auf dem Gargano.

Der Erzengel wird hier auf dem 1076 in Konstantinopel gegossenen Bronzetor dargestellt, wie er den höllischen Drachen erlegt. Dies ist das Symbol, mit dem ihn die Kunst darstellt und die Liturgie anruft. Alle erinnern sich an das Gebet, das vor Jahren am Ende der Heiligen Messe gesprochen wurde: «Heiliger Erzengel Michael, verteidige uns im Kampfe …»

Ich werde dieses Gebet gleich im Namen der ganzen Kirche wiederholen. Vorher jedoch erteile ich euch allen, die ihr hier anwesend seid, sowie euren Familien und allen Menschen, die euch teuer sind, meinen Segen, der auch all jenen gilt, die an Leib und Seele leiden.

Gebet zum Erzengel Michael

Heiliger Erzengel Michael, beschirme uns im Kampfe,
beschütze uns gegen die Bosheit und die Nachstellungen
des bösen Feindes. Ihm möge Gott gebieten, so flehen wir
inständig. Du aber, Fürst der himmlischen Heerscharen,
wollest den Satan und alle anderen bösen Geister,
die zum Verderben der Seelen in der Welt umhergehen,
mit Gottes Kraft in die Hölle hinabstoßen. Amen.[99]

---

99 Kapitel «Die Überwindung des Satans» und «Hl. Erzengel Michael − Beschützer und Verteidiger der Kirche» Copyright © Dicastero per la Comunicazione − Libreria Editrice Vaticana.

Schutzengel-Gebete

(zusammengetragen von Pia Bühler)

Der Herr sprach:
«Ich werde einen Engel schicken, der dir vorausgeht.
Er soll dich auf dem Weg schützen
und dich an den Ort bringen,
den ich bestimmt habe.

Achte auf ihn und höre auf seine Stimme!
Widersetze dich ihm nicht!
Er würde es nicht ertragen, wenn ihr euch auflehnt;
denn in ihm ist mein Name gegenwärtig

Wenn du auf seine Stimme hörst
und alles tust, was ich sage,
dann werde ich der Feind deiner Feinde sein
und alle in die Enge treiben,
die dich bedrängen» (Ex 23,20-23).

Heiliger Schutzengel mein

Heiliger Schutzengel mein,
lass mich dir empfohlen sein.
Tag und Nacht, ich bitte dich,
beschütz, regier und leite mich.

Hilf mir leben recht und fromm,
dass ich zu dir in den Himmel komm.

Schutzengel, mir von Gott gegeben,
geleite mich durchs ganze Leben.
Du bist so weise, fromm und rein,
o lass mich dir doch ähnlich sein!
Amen.[100]

Gebet des Engels in Fatima

O mein Gott, ich glaube an dich,
ich bete dich an, ich hoffe auf dich, ich liebe dich.

Ich bitte dich um Verzeihung für jene,
die nicht an dich glauben,
die dich nicht anbeten,
die nicht auf dich hoffen,
die dich nicht lieben.
Amen.[101]

Verhilf mir zu klarer Entscheidung!

Heiliger Schutzengel,
Gottes liebende Sorge hat dich
mir zum Begleiter gegeben.
Du bist sein Anruf an mein Gewissen:
Verhilf mir zu klarer Entscheidung!

---

100 www.prayforme.today/gebete/schutzengel-mein/

101 www.radiomaria.at.

Du bist seine führende Hand:
Bleibe bei mir bei Tag und Nacht!
Du bist sein machtvoller Arm:
Kämpfe mit mir für sein Reich![102]

Zum heiligen Erzengel Gabriel

Engel der Menschwerdung, du getreuer Bote Gottes,
öffne unsere Ohren auch für die leisen
Mahnungen und Lockrufe
des liebenden Herzens unseres Herrn!

Sei uns immer vor Augen, wir beschwören dich,
dass wir das Wort Gottes recht verstehen,
ihm nachgehen und gehorchen
und das vollbringen, was Gott von uns will!
Verhilf uns zu einer wachen Bereitschaft, dass uns
der Herr, wenn Er kommt, nicht schlafend finde.

Heiliger Erzengel Gabriel, als Erster aller Engel
durftest du in Nazareth Maria,
eure zukünftige Königin, begrüßen.
Im Auftrag des Vaters hast du Maria angefragt,
ob sie bereit sei, die Mutter seines Sohnes zu werden.

Du durftest das folgenreichste Wort vernehmen,
das je ein Mensch gesprochen hat,
das «Mir geschehe nach deinem Wort»
der Jungfrau von Nazareth.

---

102 www.gebete.ws.

Das Nein Evas hat die Menschen durch den Cherubim
aus dem Paradies vertrieben,
durch das Ja Marias ist Jesus Mensch geworden
und hat uns das Paradies neu erschlossen.

Heiliger Erzengel Gabriel! Lehre uns den Willen Gottes
freudig annehmen als Knechte und Mägde des Herrn,
wie es Maria getan hat. Du warst der erste Zeuge
der Menschwerdung im Schoss der heiligen Jungfrau.

Lehre die Menschen, das keimende Leben
im Mutterschoss zu achten,
lass sie keinen Frevel begehen
am unfassbaren Wunder der Menschwerdung,
bewahre unsere Frauen und Mütter
vor der großen Sünde unserer Zeit, der Abtreibung,
dem neuen Kindermord von Betlehem.

Lass unsere Jungfrauen und Frauen
die hohe Würde ihres Standes erkennen,
dass sie im Geiste Mariens Christus im Herzen tragen
und ihre Männer und Söhne heimführen zu Gott.

Arnold Guillet[103]

---

103 www.gebete.ch.

Zum heiligen Erzengel Michael

Heiliger Erzengel Michael, beschirme uns im Kampfe,
beschütze uns gegen die Bosheit
und die Nachstellungen des bösen Feindes.
Ihm möge Gott gebieten, so flehen wir inständig.
Du aber, Fürst der himmlischen Heerscharen,
wollest den Satan und die anderen bösen Geister,
die zum Verderben der Seelen in der Welt umhergehen,
mit Gottes Kraft in die Hölle hinabstoßen.

Papst Leo XIII. [104]

Heiliger Erzengel Michael

Heiliger Erzengel Michael,
mit deinem Licht erleuchte uns!
Heiliger Erzengel Michael,
mit deinen Flügeln beschütze uns!
Heiliger Erzengel Michael,
mit deinem Schwert verteidige uns
und rette uns und die ungeborenen Kinder! Amen.[105]

---

104 Hermann Multhaupt (Hrsg.): Hab Dank, dass du uns siehst, Christiana-Verlag, Kisslegg 2018.

105 www.gebete.ch.

Zum heiligen Erzengel Raphael

Heiliger Erzengel Raphael,
du Liebespfeil und Arznei der Liebe Gottes,
verwunde, wir beschwören dich, unser Herz
durch die brennende Liebe Gottes
und lasse diese Wunde nie heilen,
damit wir immer auf dem Weg der Liebe
auch im Alltag bleiben
und durch die Liebe alles überwinden![106]

Heiliger Schutzengel mein

Heiliger Schutzengel mein,
geh für mich in die Kirch hinein.
Knie dich hin an meinen Ort,
hör die Heil'ge Messe dort.

Bei der Opf'rung bring mich dar
Gott zum Dienste ganz und gar.
Was ich hab und was ich bin,
leg als Opfergabe hin.

Bei der heil'gen Wandlung dann
bet' mit Seraphs-Inbrunst an
unsern Heiland Jesus Christ,
der wahrhaft zugegen ist.

---

106 www.gebete.ch.

Bet für die, so mich geliebt,
bet für die, so mich betrübt.
Denk auch der Verstorb'nen mein.
Jesu Blut wasch alle rein.

Beim Genuss vom Höchsten Gut
bring mir Jesu Fleisch und Blut
und im Geist mich ihm verein,
lass mein Herz ein Tempel sein.

Fleh, dass allen Menschen Heil
aus dem Opfer wird zuteil.
Ist die Heil'ge Messe aus,
bring den Segen mir nach Haus.[107]

Wie oft achten wir deiner nicht

Wie oft hören wir dich an unser Herz klopfen
und achten deiner nicht.
Wie viele Sünden gegen die Liebe
begehen wir selbst
und dabei bäumen wir uns auf,
wenn uns einmal ein Unrecht geschieht.

Erbitte uns ein Herz wie das unserer Mutter Maria,
das alles leidet aus Liebe, das alles verzeiht aus Liebe,
das schweigt, wenn ihm Unrecht getan wird,
das betet für die Feinde,
das in der Glut seiner Liebe

---

107 www.adorare.ch/engelsgebet.html.

auch die anderen zum Glühen bringt,
das in der Gottesliebe
allein sein Genüge und sein Glück findet.[108]

Schöner Engel

Schöner Engel, mein Begleiter,
erhabener Hüter meiner Seele,
du leuchtest im Himmel wie eine zarte Flamme,
nahe dem göttlichen Thron des Ewigen.
Du kommst zu mir, du erleuchtest mich mit deinem Licht.
Schöner Engel, mein Begleiter und Bruder,
mein Freund und Tröster.

Hl. Theresia von Lisieux[109]

Gebet der heiligen
Theresia vom Kinde Jesus

Erhabener Hüter meiner Seele, du,
der leuchtet in dem schönen Himmel
wie eine zarte und reine Flamme,
nahe dem Thron des Ewigen, du kommst für mich
auf diese Erde und erleuchtest mich mit deinem Schein.

Schöner Engel, du bist mein Bruder geworden,
mein Freund, mein Tröster.
Wissend meine große Schwäche,

---

108 www.himmelsboten.de.

109 www.radiomaria.at.

führst du mich an der Hand.
Und ich sehe dich voll Zärtlichkeit
räumen den Stein vom Wege.

Immer lädt mich deine liebe Stimme ein;
je mehr du mich niedrig und klein siehst,
umso strahlender ist dein Angesicht.
O du, der durcheilt den Raum als die Blitze,
fliege recht oft an meiner Stelle hin zu denen,
die mir teuer sind!

Mit deinem Flügel trockne ihre Tränen!
Singe, wie gut Jesus ist!
Singe, wie Leiden hat Freuden!
Und ganz heimlich flüstere meinen Namen.
Ich will in meinem kurzen Leben
retten meine Brüder, die Sünder.

O schöner Bote des Vaterlandes,
gib mir deine heiligen Gluten!
Ich habe nichts als meine Opfergaben
und meine schmucklose Armut.
Vereint mit deinen reinen Wonnen
bringe sie dem Dreieinigen Gott![110]

---

110 A. M. Weigl, Gebetsschatz, St. Grignion-Verlag, Altötting 1984.

Gebet der heiligen
Mutter Teresa von Kalkutta

Heilige Engel, unsere Fürsprecher, bittet für uns.
Heilige Engel, unsere Brüder, bittet für uns.
Heilige Engel, unsere Ratgeber, bittet für uns.
Heilige Engel, unsere Beschützer, bittet für uns.
Heilige Engel, unsere Erleuchter, bittet für uns.
Heilige Engel, unsere Freunde, bittet für uns.
Heilige Engel, unsere Führer, bittet für uns.
Heilige Engel, unsere Helfer, bittet für uns.
Heilige Engel, unsere Vermittler, bittet für uns.
Amen. [111]

Gebet des heiligen Petrus Kanisius

Ihr himmlischen Geister, ihr Diener Gottes!
Da die stolzen, neidischen, hartnäckigen
und listigen bösen Geister
sich zu unserem Untergang verschworen haben,

so rufen wir euren Beistand an,
auf dass die so große Zahl
übermütiger, listiger und mächtiger Feinde
weder im Leben noch im Tod über uns siege.

Steht uns bei, ihr heiligen Engel,
Tag und Nacht und kämpft getreu für uns
in diesem immerwährenden Kampf.

---

111 www.radiomaria.at.

Besonders empfehle ich mich deinem Beistand,
heiliger Engel, dessen beständigem Schutz
die göttliche Güte mich anvertraut hat.

Ich bitte dich, führe mich Blinden,
belehre mich Unwissenden,
stärke mich Schwachen,
beschütze mich Unwürdigen,

führe mich zurück, wenn ich irregehe,
sporne mich Trägen an,
wecke mich, wenn ich schlafe,
hilf mir voran, wenn ich gehe.

Hilf mir ganz besonders,
dass jener letzte und schwere Kampf,
der mir mit den bösen Geistern
in der Todesstunde bevorsteht,
für mich einen glücklichen Ausgang nehme,
damit meine Seele in die Gesellschaft der Engel gelange
und nach errungenem Sieg freudig singe,
der Strick ist zerrissen und wir sind befreit (Ps 123,7).

Alle ihr lieben Engel und Erzengel, bittet für uns![112]

---

112 www.gebete.ch.

Gebet der heiligen Gertrud

Heiliger Engel Gottes,
von Gott mit meinem Schutz betraut,
ich sage dir Dank für alle Wohltaten,
die du mir an Leib und Seele jemals erwiesen hast.

Ich lobe und verherrliche dich,
weil du mir Armen so getreu beistehst
und mich gegen alle Anfälle der Feinde beschützest.
Gebenedeit sei jene Stunde,
in der du mir zum Schutz gegeben und zu meinem
Verteidiger und Patron bestimmt wurdest.
Gebenedeit sei deine Liebe zu mir und all deine Fürsorge,
mit der du nicht aufhörst, mein Heil zu fördern.

Ich bitte dich, mir zu verzeihen, dass ich so oft
deinen Einsprechungen widerstrebt und dadurch dich,
meinen liebevollsten Freund, betrübt habe.
Ich nehme mir für die Zukunft fest vor,
dir zu gehorchen.[113]

O Engel Gottes

O Engel Gottes, mein Beschützer,
dem Gottes Güte mich anvertraut hat,
erleuchte, beschütze, leite und regiere mich! Amen.

Papst Pius X.[114]

---

113 Ebd.

114 www.radiomaria.at.

Der Herr wird seine Engel mit dir senden und dich mit seiner Gnade begleiten

Gott spricht:
Ich bin mit dir und will dich begleiten,
wo du auch hingehst, und will
dich wieder zurückführen in dieses Land.
Denn ich werde dich nicht verlassen,
bis ich alles getan, was ich dir zugesagt habe.[115]

Engel Gottes

Erbitte uns deine Strahlkraft
für unsere Augen,
dass sie die Liebe Gottes durch ihr Leuchten verkünden;
für unsere Worte,
dass sie die Herzen der Menschen für Gott erobern;
für unsere Hände,
dass sie segnen können,
die Liebe Gottes hineinsegnen in unsere Schöpfung. Amen.[116]

---

115 Hermann Multhaupt (Hrsg.): Hab Dank, dass du uns siehst. Aus dem Gebetsschatz der Generationen, Christiana-Verlag, Kisslegg 2018.

116 A. M. Weigl, Gebetsschatz, St. Grignion-Verlag, Altötting 1984.

Ich grüße dich, heiliger Engel,
der Jesus im Ölgarten stärkte

Du hast meinen Herrn Jesus Christus
in seiner Todesangst getröstet.
Mit dir zusammen preise ich die heiligste Dreifaltigkeit,
dass sie dich vor allen anderen auserwählte,
den zu trösten und zu stärken,
der der Trost und die Stärke aller Bedrängten ist.

Beim Anblick der Sünden der Welt,
vor allem auch meiner Sünden,
sank er vor Schmerz zu Boden.

Um der Ehre willen, die dir da zuteilwurde,
um der Bereitwilligkeit,
der Demut und der Liebe willen,
mit der du der heiligen Menschheit
meines Heilands Jesus zu Hilfe kamst,
erbitte mir eine vollkommene Reue über meine Sünden!

Tröste mich in der Trübsal,
die gegenwärtig mich bedrückt,
und in allen anderen,
die in der Folge noch über mich kommen,
ganz besonders in der Todesnot! Amen.

Papst Benedikt XV.[117]

---

117 Ebd.

Du, mein Schutzgeist, Gottes Engel,
weiche, weiche nicht von mir!
Führe mich durchs Tal der Mängel
bis hinauf, hinauf zu dir!

Lass mich hier auf dieser Erde
deiner Führung würdig sein.
Dass ich stündlich besser werde!
Nie darf mich ein Tag gereu'n …

(Mutter, lerne mit deinen Kindern dieses Gebet
und noch andere auswendig!)[118]

Ihr Engel und Erzengel, ihr Throne und Herrschaften,
ihr Fürsten und Mächte, ihr Kräfte des Himmels,
ihr Cherubim und Seraphim,
preiset den Herrn allezeit!

Aus dem Missale[119]

Preiset den Herrn, ihr seine Engel alle!
Ihr seid so kraftgewaltig, gehorchet seinem Wort.
Preiset den Herrn, ihr seine Heere alle!
Ihr dienet ihm, vollstrecket seinen Willen.

Aus dem Missale[120]

---

118 Ebd.

119 Ebd.

120 Ebd.

In großer Verlassenheit

Mein hilfreicher, guter Engel,
dem Gott die Not meines Lebens
und meiner Seele ans Herz gelegt hat,
sieh her, wie ich hier kniee.

Bitte Gott mit deiner ganzen Kraft,
dass er mir barmherzig sei
und dieses Kreuz von mir nehme oder doch erleichtere,
dass ich nicht darunter zerbreche.

Zeige mir in deiner Güte
die Tür des himmlischen Vaterhauses,
wo alle Not ein Ende hat.

Erbitte mir die Kraft,
den Weg des Kreuzes zu gehen,
wie lange Gott will und
wie Gott will und
wohin Gott will.
Amen.[121]

---

121 Ebd.

Gebet zu den heiligen Engeln

«Preiset den Herrn, ihr alle seine Engel, ihr Gewaltigen,
da ihr seinen Willen vollzieht,
sobald ihr vernehmt sein gebietendes Wort» (Ps 102,20).
Alle Engel des Herrn, lobpreiset den Herrn;
singet sein Lob
und erhebt ihn über alles in Ewigkeit! (Dan 3,58).

Gott, du sendest in deiner unsagbar weisen Vorsehung
voll Huld deine heiligen Engel zu unserem Schutz:
Gewähre uns auf unser demütiges Flehen die Gnade,
dass wir unter ihrem Schutz allzeit geborgen seien
und uns ihrer Gemeinschaft ewig erfreuen dürfen!
Amen.

Gott, du ordnest in wunderbarer Weisheit
die Dienste der Engel und Menschen;
im Himmel stehen die Engel allzeit dienend vor dir:
Gib gnädig, dass sie auf Erden unser Leben
beschützen, durch Christus, unseren Herrn. Amen.[122]

O Engel rein

O Engel rein, o Schützer mein,
du Führer meiner Seele.
Lass mich dir anbefohlen sein,
dass ich vor Gott nicht fehle.
Bei hellem Tag, bei dunkler Nacht,

---

122 Ebd.

dein Licht in mir lass scheinen.
Halt über mich getreue Wacht,
mein Herz richt' nach dem deinen. [123]

Mein heiliger Schutzengel

Treuester Freund und Gefährte
auf dieser Lebensreise,
mein heiliger Schutzengel.
Ich danke dir für alle Liebe und Sorgfalt,
die du mir bisher erwiesen hast.
Ich bitte dich, sei auch weiterhin
mein Beschützer und Fürsprecher am Thron Gottes. [124]

Lass mich dir empfohlen sein

Heiliger Schutzengel mein,
lass mich dir empfohlen sein;
in allen Nöten steh mir bei und
halte mich von Sünden frei.
An diesem Tag (in dieser Nacht) ich bitte dich,
beschütze und bewahre mich. Amen. [125]

---

123 Hermann Multhaupt (Hrsg.): Hab Dank, dass du uns siehst. Aus dem Gebetsschatz der Generationen, Christiana-Verlag, Kisslegg 2018.

124 Ebd.

125 Ebd.

Schlafe nicht, Engel

Schlafe nicht, Engel,
wenn dich kaum noch jemand mit Namen ruft.
Schlafe nicht, Engel,
wenn unsere Gedanken
längst von dir geschieden sind.
Schlafe nicht, Engel,
wenn unser Leben sich eher
dem Schutz von Verträgen anvertraut.

Sei trotzdem Begleiter, sei dennoch Weggefährte,
bleib Wachender über unsere unsicheren Schritte.
Gottes Bote du, halte deine Hand
wie einen Schild schützend über uns.

Schlafe nicht, Engel,
schenke uns, wo wir auch unterwegs sind,
den wachsamen Blick deiner gesegneten Augen.

Hermann Multhaupt[126]

Mein guter heiliger Engel,
erflehe mir die große Gnade,
wenn ich vom Tabernakel fortgehe an meine Tagesarbeit,
dass der Gedanke an Jesus
im hochheiligen Sakrament nie verlösche,
sondern zur immerwährenden Anbetung mich entbrenne.
Amen.[127]

---

126 Ebd.

127 www.gebete.ws.

Zum Schutzengel der Kinder

Seid gegrüßt, ihr heiligen Engel meiner Kinder.
Ich danke euch für alle Liebe und Güte,
für eure Sorgfalt und eure Führung.
Wachet immerdar über sie und führet sie
durch diese Zeit zum Vater im Himmel. Amen.[128]

Sankt Bernhard über die heiligen Engel

So lasst uns denn, Brüder, Gottes Engel innig lieben!
Sie werden ja einmal unsere Miterben sein und
einstweilen sind sie unsere Führer und Schützer,
vom Vater eingesetzt und für uns bestimmt.

Was hätten wir unter solchen Führern zu fürchten?
Auf allen Wegen führen sie uns.
Und sie können nicht überwunden werden,
sie können nicht irregeleitet werden,
noch können sie selbst in die Irre führen.
Sie sind getreu, sie sind klug, sie sind mächtig.

Was sollen wir fürchten?

Folgen wir ihnen nur in Treue und
wir wandeln im Schutze des Himmelsgottes.
Sooft darum eine heftige Versuchung dich bestürmen will,
sooft eine schwere Bedrängnis dir bevorsteht,
rufe ihn an, deinen Schutzengel,

---

128 www.gebete.ch.

deinen Führer, deinen Helfer
in guten und bösen Stunden.

Lasset uns beten:
Gott, du sendest in deiner unsagbar weisen Vorsehung
voll Huld deine heiligen Engel zu unserem Schutze;
gib uns auf ihr Flehen, dass wir durch ihren Schutz
allzeit behütet werden und
uns in ihrer Gemeinschaft ewig erfreuen dürfen.

Durch unsern Herrn Jesus Christus, deinen Sohn,
der mit dir lebt und herrscht
in der Einheit des Heiligen Geistes,
Gott von Ewigkeit zu Ewigkeit.
Amen.[129]

---

129 A. M. Weigl, Gebetsschatz, St. Grignion-Verlag, Altötting 1984.

Empfehlenswerte Schutzengel-Literatur

Mein Engel wird vor dir herziehen von Georges Huber (Autor), Charles Journet (Vorwort), 232 Seiten, Christiana-Verlag 1985, ISBN 9783717101055

Vereint mit den Engeln und Heiligen: Heilige, die besondere Beziehungen zu den Engeln hatten von Ferdinand Holböck, 449 Seiten, Christiana-Verlag 1987, ISBN 9783717108559

Engel: Theologische Betrachtungen von Romano Guardini, 96 Seiten, Verlag Topos plus 2008, ISBN 9783836703376

365 Tage mit meinem Schutzengel von René Lejeune (Autor), Doris Dunkmann (Übersetzerin), 192 Seiten, Parvis-Verlag 2020, ISBN 9783907525425

Zeit, den Engeln zu begegnen von Mark Miravalle, 134 Seiten, dip3 Bildungsservice GmbH 2014, ISBN 9783903028326

Mein Engel und ich. Ein Weg mit dem heiligen Schutzengel in sieben Stufen von Hubert Van Dijk, 112 Seiten, Christiana-Verlag 2012, ISBN 9783717112136

Der Erzengel Michael von Johann Siegen, 112 Seiten, Christiana-Verlag 2009, ISBN 9783717106098

Engel & Teufel – ein Abschiedsbrief von Franz Edlinger, 64 Seiten, dip3 Bildungsservice GmbH 2014, ISBN 9783903028050 (bestellbar bei kathshop.at)

Für Kinder

Großer Gott, wir loben dich: Kinder beten mit ihrem Schutzengel von Michael Hageböck (Autor), Dorothea Hageböck (Autorin, Illustratorin), 64 Seiten, Fe-Medienverlag 2013, ISBN 9783863570668 (Lesealter 3-14 Jahre)

Schutzengel mein. Ein Bilder- und Malbuch mit Texten von William Jade, 31 Seiten, A4; Viktoria Verlag, 1999 (10 Franken / Euro plus Porto). Erhältlich bei Heidi Hilfiker, Lützelmattstrasse 12, 6006 Luzern, Tel. 041 370 47 46.

Mein Mitmachbuch vom Schutzengel von Stephan Sigg und Astrid Krömer, 16 Seiten, Verlag Butzon & Bercker 2011, ISBN 9783766615077 (Lesealter 3-6 Jahre)

Die Engeluhr von Erwin Grosche, 56 Seiten, Verlag Pattloch 2013, ISBN 9783629141286 (Lesealter 3-6 Jahre)

Von Engeln in der Bibel den Kindern erzählt von Reinhard Abeln (Autor) und Ingrid Kesper (Illustratorin), 24 Seiten, Verlag Butzon & Bercker 2004, ISBN 9783766606013 (Lesealter 4-6 Jahre)

Meine liebsten Schutzengel-Gebete von Susanne Schwandt, 16 Seiten, Verlag Butzon & Bercker 2015. Spielerisches Pappbilderbuch mit zauberhaften Illustrationen und kleinem Engel am Band; die schönsten Reimgebete für die Kleinsten, Art.-Nr. 1976, EAN: 9783766619761 (Lesealter 3-6 Jahre)